KB200661

예배의 창문을 열라

예배의 창문을 열라

지은이 | 최성은
초판 발행 | 2020. 8. 7
등록번호 | 제1988-000080호
등록된 곳 | 서울특별시 용산구 서빙고로65길 38
발행처 | 사단법인 두란노서원
영업부 | 2078-3352 FAX | 080-749-3705
출판부 | 2078-3331

책값은 뒤표지에 있습니다.
ISBN 978-89-531-3809-4 03230

독자의 의견을 기다립니다.
tpress@duranno.com www.duranno.com

두란노서원은 바울 사도가 3차 전도여행 때 에베소에서 성령 받은 제자들을 따로 세워 하나님의 말씀으로 양육하던 장소입니다. 사도행전 19장 8~20절의 정신에 따라 첫째 목회자를 돕는 사역과 평신도를 훈련시키는 사역, 둘째 세계선교(TIM)와 문서선교(단행본·잡지) 사역, 셋째 예수문화 및 경배와 찬양 사역, 그리고 가정·상담 사역 등을 감당하고 있습니다. 1980년 12월 22일에 창립된 두란노서원은 주님 오실 때까지 이 사역들을 계속할 것입니다.

포스트 코로나

우리 삶의

예배 이야기

예배의 창문을 열라

40th

두란노

목차

3부 가정을 세우는 건축 재료는 예배다

4부 팬데믹, 예배의 창문을 열라

추천사

예배는 하나님이 하신 일에 대한 피조 인생의 반응입니다.
하나님이 행하신 일의 핵심은 십자가 사건입니다. 최성은 목사님이 전하는 메시지의 결론은 십자가상의 주께 드리는 예배입니다.
코로나 시대는 예배에 위기를 가져왔지만, 이때야말로 예배로 인생을 디자인할 때입니다. 예배가 흔들리는 시대에 예배로 인생을 세우는 축복의 말씀이 여기 있습니다. 코로나는 우리에게 예배를 가르치고 인생을 가르치는 역설이었다고 고백할 수 있기를 고대합니다.
코로나 시대 고통의 이유를 진지하게 질문하는 모든 이에게 이 책을 강추합니다.

이동원 | 지구촌교회 원로목사, 지구촌 목회리더십센터 대표

저자는 복음적 지성, 긍휼을 품은 따뜻한 감성, 깊은 영성 그리고 뜨거운 열정으로 말씀을 전하는 분입니다. 저자는 예수 그리스도와 그분의 복음을 전하는 일에 올인한 분입니다. 그 중심에 예배가 있습니다. 저자는 코로나19의 충격 속에서도 흔들리지 않는 견고한 믿음의 본질을 예배로 봅니다. 폭풍우처럼 몰려오는 변화 중에도 신령과 진리로 예배하는 영혼은 고요합니다.
이 책은 교회당의 공간과 시간을 초월한 진정한 예배의 정수를 가르쳐 줍니다. 참된 예배의 열매로 정의와 이웃 사랑을 실천하는 예배자의 삶을 가르쳐 줍니다. 또한 성도의 변화와 성숙 그리고 행복은 진정한 예배 속에 있음을 알려 줍니다. 이 책은 예배라는

성스러운 주제로 신구약 전체를 관통하도록 도와줍니다. 그래서 보배입니다.
이 책을 통해 한국 교회와 이민 교회에 새로운 예배의 부흥이 일어나길 기도드립니다. 코로나19 때문에 경험하는 새로운 변화를 읽어 내고, 참된 예배자의 삶을 살기를 원하는 분들에게 이 책을 추천합니다.

강준민 | LA 새생명비전교회 담임목사

이 책은 예배에 대해서 성경적, 신학적, 역사적 관점을 담아 16개의 작은 창을 열어 독자들이 예배의 큰 문을 열 수 있게 안내해 줍니다. 더욱 감동인 것은 저자 자신이 척박한 땅에서 교회 개척을 비롯해 노숙자들과 장애인들을 섬기면서 경험했던 예배자의 가슴을 생생히 느낄 수 있다는 점입니다. 이를 통해 독자로 하여금 성경 속 다양한 예배자들과 만나도록 안내해 주고 누구든지 자기 삶의 현장에서 예배자로 살아가고 싶은 거룩한 소원을 갖게 합니다.
이 책을 읽어 가면 복음 속에 있는 예배와 예배 속에 있는 복음을, 예배 속에 담긴 가정과 교회를, 그리고 우리 삶의 현장에서 예배자로 살아가는 것이 어떤 것인지를 깨닫게 될 것입니다.
무엇보다도 이 책은 교리 속에 갇혀 있는 예배의 본질을 마치 새 생명이 세상 밖으로 나올 때 느끼는 감동과 설렘으로 바라보게 합니다. 그러면서 코로나 시대에 예배자로 사는 지혜와 본질을 관통하고 집중하게 해줍니다.

김형준 | 동안교회 담임목사, KOSTA 국제본부 이사장

코로나19 바이러스 확산 위기는 예배자의 위기이기도 합니다. 예배 형식이 바이러스 팬데믹이라는 격랑 속에서 출렁이고 있습니다. 언택트와 온택트(online contact)의 현실에서 홀택트(holy contact)의 가치를 절박하게 느낄 수밖에 없는 상황이 강제되고 있습니다. 그동안 당연하게 여겼던 '모이기'가 사회적으로 덕스러운 행위가 아닌 것처럼, 혹은 개인의 건강 위생에 역행하는 것처럼 유포되는 우리의 현실은 '예배'의 본질과 가치가 무엇인지를 되새기게 합니다.

이런 혼란한 때에, 영성에 뿌리내린 지성의 실천을 추구하는 최성은 목사님은 복음에 대한 뜨거운 열정과 정밀한 성경적, 신학적 체계 속에서 이 시대의 우리에게 예배의 본질이 무엇인지를 온몸으로 전달하고 있습니다. 가장 절박할 때 붙드는 것이 그 사람의 본질이 될 수 있다면서, 함께 모이는 예배뿐 아니라 일상생활에서도 하나님 앞에서 바로 서는 '코람데오'가 예배의 핵심이 되어야 한다는 저자의 통찰력은 매우 적절한 시대의 메시지입니다. 이 메시지는, 독자들이 급변하는 현실 속에서도 변하지 않는 예배의 은혜를 통해서 예배자의 품격을 갖춘 삶을 누리게 할 것입니다.

이 책은 그리스도인들에게 예배의 본질을 일깨우는 명징한 울림입니다. 코로나 시대의 독자들이 저자와 함께 예배의 창문을 활짝 열고 참 예배를 드리는 예배자의 은총을 누리시기를 기대합니다.

김선배 | 박사, 한국 침례신학대학교 총장

2020년, 우리는 예기치 못한 하나의 거대한 사건으로 인해 몸살을 앓고 있습니다. 코로나19로 인해 전 세계의 모든 것이 멈춰 버렸습니다. 코로나 팬데믹의 공포는 당연했던 우리의 일상이 소망이 되게 만들었습니다. 이러한 폭풍우는 한국 교회에도 예외 없이 불어 닥쳤습니다. 이로 인해 한국 교회의 다양한 사역이 중단되고 축소되었습니다. 무엇보다도 교회의 존재 이유라 할 수 있는 예배를 드릴 수 없는 지경까지 이르게 되었습니다.

이러한 때 아이러니하게도 최성은 목사님은 '예배'를 주제로 한 설교 시리즈를 시작하셨습니다. 예배당에 회중이 한 명도 없는 상황에서 예배의 본질을 역설하기도 했습니다. 매 주일 선포되는 그의 설교는 예배의 '본질'과 '의미' 더 나아가 '예배자의 삶'을 돌아보게 했습니다. 예배를 향한 그의 간절한 메시지가 고난의 파도 앞에 흔들리는 한 영혼, 한 영혼의 돛이 되어 참된 예배자로 나아갈 수 있도록 거룩한 항로를 제시해 줍니다.

이 책은 이 시대를 살아가는 모든 그리스도인들에게 참된 예배의 가치를 깨닫게 할 것입니다. 방황하는 이들이 예배를 통해 삶의 목적을 깨닫고, 두려워 떠는 영혼들이 예배를 통해 세상이 줄 수 없는 참된 위로와 평안을 얻을 것입니다. 이러한 예배의 능력이 저자의 뜨거운 외침 속에 고스란히 드러납니다. 이 외침을 듣기 위해 우리 또한 마음의 창문을 열어 하나님의 놀라운 섭리와 은혜를 맞이해야 할 것입니다.

차진일 | 지구촌교회 예배부 담당목사

프롤로그

지구촌교회에 부임하고 지난 1년을 지내는 동안 한국 사회에 적응할 시간도 없이 전적으로 목회에만 매달려 왔습니다. 목회적 과도기(transition)로 인한 성도들의 영적 갈급함이 매우 크게 느껴졌기 때문입니다.

그러는 동안 하나님은 두 가지 예상치 못한 일을 허락하셨습니다. 성도들의 갈급함 때문인지 하나님께서는 저희를 긍휼히 보시고 예배마다 은혜를 부어 주시기 시작하셨습니다. 처음 6개월은 성령님의 놀라운 역사를 강하게 경험할 수 있었습니다. 예배면 예배, 기도면 기도, 전도면 전도, 정말 성령님의 임재하심이 이런 것이구나 하는 큰 기쁨이 넘쳐났습니다.

그렇게 매 순간 뜨거운 예배를 경험하며 2020년을 맞이했습니다. 저는 내심 새해도 모든 예배가 계속 뜨겁게 성령의 역사로 이어질 것을 기대하며 '예배로 인생을 디자인하라'는 설교 시리즈를 준비하고 있었습니다.

그런데 전혀 예상치 못한 두 번째 일이 벌어졌습니다. 예배 시리즈를 시작한 첫 주일예배에 한 명의 성도도 없이 설교를 하게 된 것입니다. 코로나 팬데믹으로 인해 현장 예배를 중단하고 온라인으로 예배를 중계해야 하는 사상 초유의 사태가 벌어졌기 때문입니다.

교회의 크기와 관계없이 성도들이 없는 텅 빈 예배당에서 설교를 한다는 것은 아주 고통스러운 일입니다. 저는 텅 빈 회중석을 바라보며 저의 교만과 허황된 마음을 회개했습니다. 개척 교회 시절도 생각났습니다. 다시 초심으로 돌아가게 하시는 하나님의 음성을 듣게 되었습니다. 설교 때 눈물이 많은 편이지만, 코로나 이후 지난 6개월간 매 예배마다 회개의 눈물 없이 설교한 적이 없을 정도였습니다.

하나님은 이 코로나라는 상황을 통해 다시 하나님 앞에 멈춰 서게 하십니다. 우리를 돌아보게 하십니다. 우리의 사명과 신앙의 본질을 돌아보게 하십니다. 그리고 우리 모두를 겸손하게 하십니다. 우리는 지금 현장 예배와 성도의 교제, 그 외에 우리가 누려 왔던 수많은 것들이 얼마나 큰 축복이었는지 새삼 깨닫고 있습니다. 그 모든 것을 당연하게만 여겼던 우리의 나태함과 교만함을 하나님이 일깨우고 계십니다.

역대하 20장에 보면 하나님은 여호사밧을 일깨우시려고 아람 연합군대라는 사람의 매와 인생 채찍을 드셨습니다. 여호사밧과 유다의 리더들이 갑자기 들이닥친 아람 연합군 수십만 대군의 위엄 앞에 감히 싸워볼 엄두조차 못냈습니다. 그 위기 상황에서 여호사밧은 이렇게 기도합니다.

> 우리 하나님이여 그들을 징벌하지 아니하시나이까 우리를 치러 오는 이 큰 무리를 우리가 대적할 능력이 없고 어떻게 할 줄도 알지 못하옵고 오직 주만 바라보나이다 하고 유다 모든 사람들이 그들의 아

내와 자녀와 어린이와 더불어 여호와 앞에 섰더라 _ 대하 20:12-13

코람데오! 지금 우리는 전대미문의 코로나라는 위기 앞에서 여호사밧처럼 여호와 앞에 서 있습니다. 하나님은 우리의 잘못된 모든 교만, 불순종, 탐욕, 율법주의, 우상숭배, 그야말로 우리 삶의 모든 것을 다 뒤집어엎고 계십니다. 하나님은 우리가 복음의 본질, 신앙의 본질, 예배의 본질을 회복하길 원하십니다. 그렇다면 우리가 구체적으로 어떻게 해야 할까요?

페르시아의 총리였던 다니엘은 자신을 죽이려 했던 정적들의 모략을 알고도 집으로 돌아가 평소처럼 창문을 열고 예루살렘을 향하여 기도했습니다. 죽임을 당할 수도 있다는 냉정한 현실 앞에서도 그는 창문을 열고 대적자들이 보란 듯이 기도하며 하나님께 예배를 드렸습니다.

제 아들이 이 말씀을 설교에서 들은 후 질문했습니다. "Dad, you should have said this: 'Christians all pray and worship. But the real question is, will you open your window like Daniel?'"(아빠, 설교 때 이 질문을 했어야 했어요. '우리 그리스도인들은 모두 기도하고 예배합니다. 그러나 우리의 문제는 과연 다니엘처럼 창문을 활짝 열고 예배할 것인가?' 하는 것 아닌가요?)

그렇습니다. 이제 우리가 할 일은 어떤 상황에도 불구하고 우리의 삶 속에 예배의 창을 활짝 열고, 하나님의 존전 앞에 서서 그분의 도우심을 바라보는 진정한 예배, 그분의 이름을 선포하고 그분을 높이는 예배를 드리는 것입니다.

이 책은 예배에 관한 백서가 아닙니다. 이 책은 코로나가 시작되고 한복판에 있었던 지난 6개월 동안 예배와 우리 신앙의 본질에 대하여 성도들과 함께 깊이 고민하고 눈물로 기도한 내용들을 담은 삶의 예배에 관한 것입니다.

이 사태가 언제 끝날지는 모르지만, 중요한 것은 전능자이신 하나님이 모든 문제의 답을 가지고 계시다는 것을 바라보는 우리의 믿음입니다. 때문에 우리가 해야 할 일은 우리의 삶 속에 예배의 창을 활짝 열고, 하나님 앞에 서서 그분의 선하심을 바라보는 것입니다. 코로나 한복판에서 우리를 새롭게 하시는 하나님의 놀라운 은혜와 축복이 담겨 있다는 역설의 신앙으로 지금의 상황을 분별해야 합니다.

우리가 겸손히 무릎 꿇고 회개하며 하나님의 얼굴을 구할 때 하나님은 한국 교회를 다시 새롭게 하시고 더욱 놀랍게 사용하실 것입니다. 부족하지만 우리 조국 교회에 참다운 예배가 온전히 회복되길 간구합니다.

이 책이 나오기까지 꼼꼼하게 편집으로 수고해 주신 두란노 편집팀과 지구촌교회 목양팀, 신학적 감수로 수고해 주신 미드웨스턴 침례신학교 이장렬 교수님께 감사를 드립니다. 새벽마다 늘 눈물로 기도해 주시는 존경하는 부모님과 장모님, 아빠의 설교를 듣고 은혜를 함께 나누어 주는 두 자녀 예림과 예담, 주일마다 같은 예배를 몇 번씩 드리며 남편을 위해 기도하고 조언해 주는 사랑하는 아내요 동역자인 한수진 사모와 끝으로 지난 1년간 눈물로 함께 예배드린 지구촌교회 성도들에게 감사를 드립니다.

2020년 7월 23일
진정한 부흥과 예배의 회복을 꿈꾸며, 최성은

1부

포스트 코로나,
예배를 다시 생각하다

1장

예배,
본질이 무엇일까?

사 1:1-20

예배란 무엇입니까?

신앙생활 중에서 가장 중요하고 기본이 되는 것은 예배입니다. 때문에 저는 자주 "모든 것에 있어 성공하는 듯하지만, 예배의 삶이 무너져 있다면 그것은 실패한 삶이고, 반대로 삶에 고난이 끊이지 않고, 혹 실패와 좌절이 반복되더라도 예배만큼은 놓치지 않는다면 그 사람은 소망이 있는 것이다"라고 말해 왔습니다. 물론 여기서 예배란 단순히 주일에 드리는 공예배만 의미하는 것은 아닙니다.

그런데 요즘은 우리 모두가 평생 생각해 보지도 못한 일을 겪고 있습니다. 코로나19 바이러스로 인해 교회는 성도님들 없이 예배를 드렸습니다. 평생 주일예배를 빠져 본 적이 없는 성도님들도 어쩔 수 없이 교회에 나오지 못하고 인터넷으로 생중계하는 예배를 드리고 있습니다. 이것은 엄청난 영적 책임감을 느끼게 하는, 너무도 고통스러운 상황입니다.

일제 36년의 엄청난 핍박 속에서도 당시 그리스도인들은 가정에서 혹은 지하로 숨어 들어가 굴이나 곳간에서 예배를 드렸습니다. 신앙을 포기하지 않은 대가는 너무나 참혹했습니다. 우리가 잘 아는 주기철 목사님은 신사참배를 거부하다 투옥되어 고문을 당하고 마침내 사형까지 당한 대표적인 순교자입니다. 주 목사님 외에도 많은 사람이 이러한 이유로 목숨을 잃었습니다.

1919년 4월 15일, 일본 군경은 만세 운동의 주동자로 지목받은 29명의 그리스도인과 천도교인들을 경기도 수원 근교의 제암리교회에 모아 놓고 총으로 무참히 살해한 후 그 만행을 감추려고 불을 질러 시신들을 훼손하였습니다. 이것이 유명한 제암리 학살 사건입니다.

기독교 역사학자들은 3·1 만세 운동의 상징인 유관순 열사의 항일 투쟁 역시 그녀의 굽히지 않은 기독교 신앙에서 출발했다고 봅니다. 유관순 열사의 부모님은 역시 그리스도인으로 1919년 4월 공주읍 만세 운동을 주도하다가 어머니는 현장에서 숨지고, 아버지는 중상을 입어 다음 날 소천했습니다. 그럼에도 불구하고 유관순 열사나 그 가문은 신앙과 민족 독립에 대한 의지를 굽히지 않았습니다.

해방 후 한국전쟁 중에도 북한에서 온 피난민들과 남한의 그리스도인들이 중심이 되어 교회를 세우고 예배를 중단하지 않았습니다. 특히 부산 지역의 교회들은 예배당에 몰려드는 사람들로 장사진을 이루었습니다.

그리스도인들은 당시 북한에서도 남한에서도 공산당의 가장 큰 표적이었습니다. 그럼에도 불구하고 수많은 그리스도인들은 신앙을 저버리지 않고 차라리 순교의 길을 택했습니다. 사랑의 원자탄 손양원 목사님은 전쟁 중에도 한센병 환자들을 사랑으로 끝까지 돌보았고 자신의 두 아들을 죽인 공산당원을 용서하고 양자로 삼는 위대한 신앙의 모습을 보여 주셨습니다. 손 목사님은 결국 공산당에 의해 순교를 당하셨지요.

그밖에도 잘 알려지지 않은 순교자가 참 많은데 전남 영광의 염산교회 교인들도 신앙을 지키다 순교한 분들입니다. 1950년 9월 28일은 공산당에 의해 잃었던 서울이 수복되던 날입니다. 이때 남한을 빠져나가지 못한 공산당들이 염산교회 성도들 중 3분의 2에 해당하는 무려 77명을 총살합니다. 이들은 미처 피난도 못 가고 숨어서 가정예배를 드리던 사람들입니다. 염산교회 김방호 목사님은 그 죽음의 순간에도 "울지 마라 우리는 곧 천국에 간다"라며 성도들을 위로했다고 합니다.

당시 가까스로 목숨을 건진 김방호 목사님의 아들 김익 전도사님은 순교당한 유가족과 교인들을 위로할 뿐만 아니라, 당시 이 처참한 학살에 가담한 좌익 주민들까지 품으며 예배를 드렸다고 합니다.

우리 신앙의 선조들은 이렇듯 무시무시한 핍박과 환난 중에도 목숨을 맞바꿀지언정 하나님을 예배하는 것을 포기하지 않았습니다. 이것이 바로 예배의 본질이고 핵심입니다. 우리를 구원하시기 위해 생명을 내어 주신 예수님께 드리는 예배는 당연히 생명을 다해 드리는 것입니다.

그런 점에서 우리는 신앙의 선조들에게 많은 신앙의 빚을 졌습니다. 그분들의 순교와 눈물, 헌신, 생명을 아끼지 않은 신앙 때문에 우리가 이 자리에 있습니다. 순교의 피 값으로 교회가 세워졌습니다.

이제 코로나라는 초유의 사태를 맞은 우리가 이 신앙을 지키기 위해 무엇을 해야 하는지 생각해 볼 때입니다. 하나님께서 이 사태를 통해 우리에게 던져 주시고자 하는 분명한 메시지가 있다고 생각합니다.

그런 점에서 이사야 1장의 말씀을 주목할 필요가 있습니다. 이번 코로나 사태로 인해 예배란 무엇인가를 놓고 심각하게 고민할 수밖에 없는 한국 교회에 이사야서는 의미심장한 메시지를 던져 주고 있습니다.

누구를 예배합니까?

이사야 선지자는 주전 750년부터 700년까지 활동했습니다. 이때는 오랜 세월 타락의 길을 걷던 북이스라엘이 앗시리아(앗수르)에 의해 존폐 위기를 겪은, 그러다 마침내 멸망당한 시기로, 이사야 선지자는 남유다에서 하나님의 말씀을 전했습니다.

당시 유다는 급변하는 국제 정세의 한복판에 있었습니다. 북이스라엘을 무너뜨린 중동의 강자 앗수르, 그리고 새롭게 떠오르는 신흥 강국 바벨론, 거기에 남쪽의 고대 강자 이집트가 자웅을 겨루고 있었습니다. 유다는 그 사이에서 줄타기 외교를 할 수밖에 없었습니다. 과거에도 현재에도 한반도가 처해 온 상황과 그리 다르지 않은 모습입니다.

그럼에도 남유다는 북이스라엘과 똑같이 우상숭배를 일삼았습니다. 제사장들은 영적 분별력을 잃었고 관료들은 민생을 돌보지 않고 부패했습니다. 하나님께서는 그런 남유다에게 이같이 말씀하셨습니다.

> 하늘이여 들으라 땅이여 귀를 기울이라 여호와께서 말씀하시기를 내가 자식을 양육하였거늘 그들이 나를 거역하였도다 소는 그 임자를 알고 나귀는 그 주인의 구유를 알건마는 이스라엘은 알지 못하고 나의 백성은 깨닫지 못하는도다 하셨도다 슬프다 범죄한 나라요 허물진 백성이요 행악의 종자요 행위가 부패한 자식이로다 그들이 여호와를 버리며 이스라엘의 거룩하신 이를 만홀히 여겨 멀리하고 물러갔도다 _사 1:2-4

하나님은 이스라엘 백성이 아버지인 하나님을 알지 못한다고 말씀하십니다. 더 나아가 그들은 하나님을 거역하고, 하나님 말씀에 불순종하며, 심지어 하나님을 이미 버렸다고 말씀하십니다. 하나님을 만홀히, 즉 경멸히 여겼다고 하십니다. 하나님은 이스라엘이 범죄하고 부패한 자식이라고 말씀하십니다.

그런데 참으로 아이러니하게도 이스라엘 백성은 이런 상황에서도 하나님께 예배는 지속적으로 드렸습니다. 굉장히 역설적인 상황입니다.

당시 남유다에는 멸망한 북이스라엘과 달리 선한 왕이 몇 명 있기는 했습니다. 남유다는 그때마다 신앙 운동을 통해 회개도 하고, 갱신(renewal)을 하기도 했습니다. 하지만 유다는 선한 왕이 죽고 나면 곧바로 하나님을 반역하는 이중적인 신앙의 모습을 보였습니다. 그들은 바알에게 가나안 땅의 풍요를 빌면서 동시에 하나님께 예배를 드렸습니다. 이것을 지켜보는 하나님의 심정은 이러했습니다.

> 여호와께서 말씀하시되 너희의 무수한 제물이 내게 무엇이 유익하뇨 나는 숫양의 번제와 살진 짐승의 기름에 배불렀고 나는 수송아지나 어린 양이나 숫염소의 피를 기뻐하지 아니하노라 너희가 내 앞에 보이러 오니 이것을 누가 너희에게 요구하였느냐 내 마당만 밟을 뿐이니라 헛된 제물을 다시 가져오지 말라 분향은 내가 가증히 여기는 바요 월삭과 안식일과 대회로 모이는 것도 그러하니 성회와 아울러 악을 행하는 것을 내가 견디지 못하겠노라
>
> _사 1:11-13

이사야 선지자는 호세아 선지자와 마찬가지로 남유다가 살

길은 그들의 영적 아버지인 하나님께로 돌아가는 것임을 외쳤습니다. 유다는 하나님을 사랑하는 마음에서 떠나 있었고, 하나님을 예배하는 제단이 무너져 있었습니다.

이러한 유다 백성들에 대한 하나님의 분노가 본문에도 잘 나타나 있습니다.

그런데 여기서 오해하지 말아야 할 것이 있습니다. 하나님이 화가 나신 이유는 유다가 예배를 드리지 않아서가 아니라는 것입니다. 찬양도 하고, 헌금도 하고, 봉사도 하고, 섬김도 있고, 형식은 다 갖추었느나, 문제는 예배의 대상이 하나님이 아니었던 것입니다. 그들은 자신들의 만족과 행복을 위해 예배를 드렸습니다. 물론 예배에는 하나님께서 주시는 은혜와 사랑 때문에 놀라운 축복과 회복이 있습니다. 그것은 결과물로 주어지는 것입니다. 때문에 다시 한 번 예배의 주인공은 사람이 아니라 하나님이심을 기억해야 합니다.

예배 가운데 반드시 회복해야 하는 첫째 핵심은 하나님을 하나님으로 대접해야 한다는 것입니다. 우리도 어느 모임에 가거나 누구를 만났을 때 나를 대접해 주면 기분이 좋습니다. 우리도 이렇게 대접받고 싶어 하는데 우리는 과연 존귀하신, 우리의 아버지이신 여호와 하나님께 예배를 드리며 대접하고 있습니까? 하나님을 하나님으로 대접하고 있습니까? 예배의 주인공이 정말 하나님이십니까? 그게 아니라면 하나님이 구석에 앉아 계셔야 하는 입장이 되는 것입니다.

〈천국의 계단〉, 〈러브스토리 인 하버드〉 등 다수의 히트작을

낸 이장수 감독이 예수님을 믿고, 신학을 공부한 뒤 전도사가 되었습니다. 그가 오래전에 한마디 일침을 한 적이 있습니다. "현재 한국 교회의 예배는 주인공이 빠진 예배다." 무대는 화려한데 주인공이 없다는 것입니다. 주인공은 하나님이고, 예수님인데 설교는 도덕 강연, 행복 강연, 성공 강연같이 사람 중심의 주제 일색입니다. 세상 사람들도 얼마든지 하는 이야기를 교회가 하고 있습니다. 사람들은 영이 굶주려서 오는데, 교회는 세상을 흉내 내기 바쁩니다.

예배의 핵심은 언제나 하나님을 찬양하고, 하나님께 영광 돌리는 것입니다. 찬양도 말씀도 기도도 주인공은 하나님입니다. 그것이 예배입니다.

사람이 중심인 예배, 인간이 판단하는 예배, 사람에게 영광을 돌리는 예배, 사람을 즐겁게 하는 예배는 아무리 많은 사람이 와도, 아무리 흥행을 해도 하나님이 받지 않으시는 예배입니다.

요한계시록은 우리가 드리고 있는 예배의 본질을 이렇게 말씀합니다.

> 우리 주 하나님이여 영광과 존귀와 권능을 받으시는 것이 합당하오니 주께서 만물을 지으신지라 만물이 주의 뜻대로 있었고 또 지으심을 받았나이다 하더라 _ 계 4:11

하나님께 모든 영광과 존귀와 찬송을 돌려드리는 이유 중 가장 중요한 핵심은 하나님께서 우리를 지으셨고, 만물을 지으셨기 때문입니다. 코로나 바이러스로 인해 현장 예배가 제한되는 이때에 우리가 예배하는 대상이 하나님이라는 사실을 오히려 분명히 할 수 있기를 바랍니다. 하나님을 하나님으로 대접하는 예배를 회복하는 계기가 되기를 바랍니다.

이스라엘 백성이 예배에 실패한 이유

신앙은 신정주의이지 인본주의가 아닙니다. 예배는 하나님이 원하시는 대로 드려야 합니다. 그런 까닭에 하나님은 구약에서 그처럼 세세하고 면밀하게 예배를 디자인하고, 계획하셨습니다. 그리고 손수 이스라엘 백성이 어떻게 하나님을 예배해야 하는지 가르쳐 주셨습니다. 하나님이 가르쳐 주신 대로 순종하며 드리는 예배가 하나님이 기뻐하시는 예배입니다. 그렇지 않다면 그것은 하나님을 모독하는 예배가 되고 맙니다.

유다 백성은 예배의 형식과 제물은 있었으나 하나님이 기뻐하시는 예배를 드리지 못했습니다. 하나님을 예배한 것이 아니라 자기 자신을 예배한 것이기 때문입니다.

여호와께서 말씀하시되 너희의 무수한 제물이 내게 무엇이 유익

하뇨 나는 숫양의 번제와 살진 짐승의 기름에 배불렀고 나는 수송아지나 어린 양이나 숫염소의 피를 기뻐하지 아니하노라 _사 1:11

사랑이 빠진 예배, 혼이 빠진 예배, 열정이 빠진 예배, 마음이 사라진 예배, 그러한 제물, 그러한 예배는 하나님께서 받지 않으십니다.

너희가 내 앞에 보이러 오니 이것을 누가 너희에게 요구하였느냐 내 마당만 밟을 뿐이니라 _사 1:12

하나님은 그런 예배를 한 번도 요구하신 적이 없습니다. 그런 예배를 드리는 것은 교회 마당만 밟고 가는 것과 같습니다. 때문에 우리는 우리의 예배를 점검해야 합니다. 축도 후에는 반드시 오늘 내가 드린 예배를 하나님께서 받으셨는가를 돌아보아야 합니다.

헛된 제물을 다시 가져오지 말라 분향은 내가 가증히 여기는 바요 월삭과 안식일과 대회로 모이는 것도 그러하니 성회와 아울러 악을 행하는 것을 내가 견디지 못하겠노라 _사 1:13

하나님께서 이스라엘 백성이 드리는 각종 예배를 싫어하시는 이유는 그들이 예배를 드리는 동시에 악을 행하기 때문이라고 말씀하십니다. 헛된 예배와 헛된 제물로 인해 하나님은 견

될 수 없이 괴롭다고 하십니다.

> 내 마음이 너희의 월삭과 정한 절기를 싫어하나니 그것이 내게 무거운 짐이라 내가 지기에 곤비하였느니라 너희가 손을 펼 때에 내가 내 눈을 너희에게서 가리고 너희가 많이 기도할지라도 내가 듣지 아니하리니 이는 너희의 손에 피가 가득함이라 _ 사 1:14-15

이스라엘 백성이 예배에 실패한 이유가 무엇입니까? 예배를 드리지 않아서가 아니라 하나님이 기뻐하시는 방법으로 드리지 않았기 때문입니다.

우리는 때로 우리의 습관대로, 잘못된 전통대로, 고집대로 예배드리기를 원합니다.

미국의 장로교회는 엄숙하게, 남침례교회는 엄숙하다 못해 장엄하게, 감리교는 형식에 더 많은 의미를, 순복음은 정열적으로 뜨겁게, Church of Christ는 악기를 쓰지 않고 목소리로만, 또 요즘 젊은 교회는 잘 짜인 각본에 아주 멋진 밴드팀과 연극팀을 무대에 올려 극장식으로 예배를 드립니다. 이중 무엇이 옳다고 말할 수 없습니다. 시대에 따라 예배 스타일은 달라질 수 있습니다. 그러나 분명한 것은 예배 스타일이 다르더라도 그 중심에는 하나님을 기쁘시게 하는 예배의 본질이 살아 있어야 한다는 것입니다. 우리의 만족과 행복에 초점을 둔 예배에는 하나님이 임재하시지 않습니다.

무대만 풍성한 예배, 사람이 중심이 된 예배, 나의 욕심을 위해 축복이 중심이 된 예배는 모두 실패한 예배입니다. 뿐만 아니라 하나님을 모욕하는 예배입니다.

공의를 실천하는 것이 예배입니다

하나님은 남유다 백성들의 삶을 조목조목 지적하십니다. 그리고 예배드리기 전에 무엇을 고쳐야 하는지 말씀해 주십니다.

> 너희는 스스로 씻으며 스스로 깨끗하게 하여 내 목전에서 너희 악한 행실을 버리며 행악을 그치고 선행을 배우며 정의를 구하며 학대받는 자를 도와주며 고아를 위하여 신원하며 과부를 위하여 변호하라 하셨느니라 _ 사 1:16-17

하나님은 타락한 이스라엘 백성이 두 가지를 고쳐야 그들이 드리는 예배를 받겠다고 말씀하십니다.

첫째, '죄를 회개하라'고 하십니다. 스스로 죄를 회개하고 악한 일을 그치라고 하십니다. 회개 없이 참된 예배가 있을 수 없습니다. 예수님을 만난 사람에게 회개는 일상의 습관이 되어야 합니다. 기도할 때 가장 먼저 회개하며 나아가는 것을 십자가의 보혈로 하나님과의 관계가 회복된 우리의 특권이요 기쁨으로 여겨야 합니다.

둘째, 회개에 따른 삶의 변화가 있어야 합니다. 그것은 곧 하나님의 공의를 적극적으로 실천하는 것입니다. '나라가 잘못되었다, 교회가 썩었다, 지도자들이 타락했다' 같은 구호로는 공의가 실천되지 않습니다. 구호로 공의가 이뤄졌다면 세상이 벌써 변화되었을 것입니다.

'자녀는 부모가 말하는 대로 변하지 않고, 부모가 행동하는 대로 변화된다'는 말이 있습니다. 말로는 아무 일도 일어나지 않습니다. 물론 외쳐야 할 때도 있고 행동해야 할 때도 있습니다. 하나님이 말씀하시는 하나님의 공의는 우리의 죄를 각자 돌아보아 회개하고 삶이 변화되어 어려운 이웃과 고난받는 이웃, 고아와 과부를 위해 변호하는 사람이 되는 것입니다.

우리의 예배가 무너졌다고 판단된다면 지금 아픈 사람들, 연약한 사람들, 소외된 사람들을 돌보라고 하십니다. 그것이 하나님의 공의를 실천하는 일이며, 우리의 예배가 회복되는 지름길이라고 하나님께서 말씀하십니다. 인간이 중심이 된 예배는 틀렸지만, 예배 중에 하나님의 사랑과 은혜를 경험했다면, 그 적용은 사람에게 해야 합니다. 하나님의 형상을 닮은 사람이 되어야 하는 것입니다.

교회에 반드시 해결해야 할 문제들이 산적해 있다는 것을 압니다. 그 일도 해야 합니다. 하지만 어려운 이웃을 돌보는 일이 우리의 예배를 회복하는 데 매우 중요한 일이라는 걸 잊어선 안 됩니다. 하나님의 정의가 선행으로 강력하게 실천될 때,

악이 스스로 파멸됩니다. 하나님은 놀랍게도 그것이 타락한 이스라엘 백성의 예배와 관련이 있다고 지적하십니다.

코로나 바이러스는 이제까지 경험해 보지 못한 엄청난 전염성과 파괴력을 갖고 있습니다. 바이러스 하나가 세계 경제를 얼어붙게 하고, 전 세계 라이프스타일을 바꾸고 있습니다. 갑작스러운 변화는 공포를 불러오고 공포는 또 다른 염려를 가져옵니다.

어느 날 저는 자다가 벌떡 일어날 만큼 두려움과 염려에 휩싸였습니다. 그러다 뭐라도 해야겠다 싶어 마스크를 구입해 트럭에 싣고 대구에 내려가야겠다는 생각을 했습니다. 그런데 저만 그런 생각을 한 것이 아니었습니다. 우리 교회가 있는 성남과 분당 지역의 교회들이 성금을 모아 시와 대구에 전달하기로 마음을 모은 것입니다.

우리 교회는 중국 우한에서 코로나 바이러스가 창궐했을 때부터 십시일반으로 마음을 모아 그들을 도왔고 갑자기 수천 명의 확진자가 나온 대구를 위해서도 힘을 모았습니다. 또한 이번 사태로 더욱 힘들어진 미자립 교회를 도울 것입니다. 뿐만 아니라 국가와 민족과 코로나로 고통당하는 사람들과 교회를 위해 매일 시간을 정해 1시간씩 집중적으로 기도할 것입니다.

이번 사태를 겪으면서 언론과 여론은 기독교에 대해 매우 적대적이라는 것을 다시 한 번 깨닫습니다. 이단과 정통을 구별하지 않고 기사를 쏟아내고 대중들도 싸잡아 욕을 합니다. 교회가 주일 예배를 굳이 강행하는 것은 헌금 때문이라는 기사를 보았을 때 마음이 너무 아팠습니다.

하지만 그럴 수 있습니다. 실체를 잘 모르므로 그럴 수 있습니다. 다만 우리는 그들이 오해했다는 걸 알려 줄 책임이 있습니다. 종말의 때에는 이보다 더 큰 곡해와 핍박과 고난이 닥칠 것입니다. 그때에도 주님의 은혜로 죄사함 받아 영생을 얻은 그리스도인으로서 그리스도인답게 행동해야 합니다. 믿음이 없는 자를 세우고 돕는 일을 멈추지 말아야 합니다.

그렇기에 세상의 소망은 누가 뭐래도 교회에 있습니다. 그렇기에 우리가 먼저 회개해야 합니다. 우리가 먼저 회개함으로 믿지 않는 불신자들이 하나님께로 돌아가는 방법을 제시할 수 있어야 합니다. 하나님께서는 우리의 회개를 기뻐하십니다.

그리고 동시에 하나님의 정의와 사랑을 실천해야 합니다. 그것은 고통받는 이웃과 소외된 이웃을 돕는 것입니다.

이처럼 말씀을 따라 회개하고 공의를 실천하게 되면, 하나님께서 영적인 회복의 축복을 내려 주십니다. 북이스라엘이 멸망했을 때도 하나님께서 남은 자를 남겨 두셨습니다.

> 여호와께서 말씀하시되 오라 우리가 서로 변론하자 너희의 죄가 주홍 같을지라도 눈과 같이 희어질 것이요 진홍같이 붉을지라도 양털같이 희게 되리라 너희가 즐겨 순종하면 땅의 아름다운 소산을 먹을 것이요 _사 1:18-19

하나님께서는 드라마보다 더 드라마틱한 반전을 준비하고

계십니다. 주홍같이 붉어 지울 수 없는 극악무도한 죄도 참된 회개와 사랑의 선행을 하면 하나님께서 마음을 돌이켜 눈과 같이 희게 만드시겠다 하십니다. 정말 놀랍지 않습니까? 하나님은 패역한 이스라엘 백성들을 향해서 이처럼 소망의 메시지를 주셨습니다.

이것이 예배에 임하시는 하나님의 놀라운 은혜와 축복입니다. 그 은혜와 사랑과 능력이 임하는 예배를 우리는 회복해야 합니다. 그리고 날마다 경험해야 합니다.

예배는 철저히 우리의 삶과 관련이 있습니다. 가인과 그의 제물을 따로 받으시는 하나님이 아닙니다. 아벨과 그의 제물도 따로 받으시는 분이 아닙니다. 하나님은 가인이 드린 제물과 가인의 삶을 함께 보셨고, 아벨이 드린 제물과 그의 삶을 함께 보셨습니다. 부족하더라도, 허접하더라도 그가 하나님을 사랑하는 마음이 있느냐, 하나님을 사랑한다면 이웃에 대해 어떤 관심을 보이고 살아가느냐를 보시는 하나님입니다. 그 하나님을 바라보는 예배자가 되기를 바랍니다.

지금은 코로나 사태로 인해 저마다 마음이 위축되고 어려운 시기입니다. 경제적으로 타격을 받아 내일 끼니를 걱정해야 하는 사람들도 자꾸만 늘어나고 있습니다. 특히 우리가 소외된 이웃이라 여겨 왔던 독거노인, 소년 소녀 가장, 한부모 가정, 이주 노동자, 새터민 등 사회적 취약 계층들에 대한 깊은 관심과 도움이 더욱 필요합니다. 이들 중에는 우리의 사회적 거리두기로 인해 도움을 줄 이들이 가까이 없을 때 쉽게 방치되고 때론 치명적인 위험에 처할 이들도 있습니다. 우리의 선행은 그분들을 따뜻하게 위로하고 외롭지 않도록 할 것입니다.

하나님은 그것이 예배라고 말씀하십니다. 그런 예배를 기뻐한다고 말씀하십니다. 우리 모두가 하나님이 기뻐하시는 예배를 회복할 때, 우리는 세상의 소망이 될 것입니다.

내가 무엇을 더 잘해서 하나님께서 나를 구원해 주신 것이 아닙니다. 하지만 하나님의 구원의 은혜를 아는 사람이라면, 하나님이 말씀하시는 대로 살고, 삶이 묻어난 예배를 드리려고 몸부림쳐야 합니다. 정말 하나님을 사랑한다면 하나님의 형상을 닮은 이웃을 위해 무엇을 해야 할까 고민하게 됩니다. 그것이 하나님을 하나님으로 대접하는 예배입니다. 그럴 때 "당신 때문에 예수님을 믿겠습니다"라고 말하는 불신자가 생길 것입니다. "역시 교회는 다르다, 역시 그리스도인들은 다르다"라는 말을 듣게 될 것입니다.

예배를 위한 기도

Prayer

살아 계신 하나님, 코로나 바이러스로 인해 모이기를 힘쓰는 것이 힘든 상황이 계속되고 있습니다. 주님, 이 시간을 통해 그동안 우리가 주일성수를 한다면서 혹시 마당 뜰만 밟고 간 것은 아닌지, 과연 나의 예배를 주님께서 받으신 것인지 돌아보며 회개하는 시간이 되게 하옵소서. 그리하여 이 시간이 지난 뒤에 예배의 중심이 하나님이신 예배로 회복될 수 있도록 역사하여 주옵소서. 하나님이 기뻐하시는 예배가 되도록 우리를 붙들어 주옵소서. 하나님의 공의를 구하고, 환난의 때에 어렵고 힘든 이웃을 도와서 우리의 삶이 묻어난 예배가 되도록 인도하여 주옵소서.

주님, 코로나로 인해 절망 가운데 있는 사람들을 찾아가 위로하여 주옵소서. 주님의 이 사역에 부족한 우리가 쓰임 받기를 바랍니다. 한국 교회가 그러한 일들을 감당하게 하옵시고, 그때에 놀라운 성령의 역사를 경험할 수 있게 하옵소서.

예수님의 이름으로 감사하며 기도드렸습니다. 아멘.

2장

예배,
그분의 발을 씻겨 드리는 것

요 12:1-8

하나님이
감동받으시는 예배

우리 교회는 원로 목사님 때부터 거의 1년에 한 번씩 주일에 목장 예배로 모였습니다. 목적은 예상하지 못한 재난이나 핍박에 대비하기 위한 것이었습니다. 코로나 바이러스로 인해 모여서 예배드리는 것이 조심스러운 요즘 같은 때 특히 이 목장 예배 덕을 보고 있습니다. 우리 교회 교인들이 그보다 더 작은 단위인 가정 예배를 어렵지 않게 드릴 수 있기 때문입니다. 각 가정에서 가정 예배 영상을 보내 주었는데, 그 자체로 참으로 뭉클했습니다. 뿐만 아니라 가정 예배 중에 감동적인 간증이 이어지고 있습니다. 무엇보다 자녀와 함께 예배를 드리니 은혜스럽다고 합니다. 믿지 않는 부모님과 평생 처음으로 예배를 드렸다는 분들도 있습니다.

가정 예배의 소중함, 공예배의 소중함, 교회의 소중함. 특별히 예배의 소중함을 깨닫는 요즘입니다.

예배란 성경적으로 어떤 의미가 있을까요? 신약에서는 예배의 의미로서 가장 보편적으로 사용된 단어가 '프로스퀴네오'(proskuneo)입니다. 명사로 60회, 동사로 61회 이상 사용된 이 단어는 '누구에게 존경의 표시로 키스하다, 절하다, 엎드리다'라는 뜻입니다. 종들이 주인의 발에 입 맞출 때도 사용되었는데, 이때는 '내가 죽는다'라는 뜻이 됩니다. 따라서 예배는 기본적으로 나를 겸손히 죽이고 하나님을 높여 드리는 데서 시작됩니다.

여기서 스스로 한번 물어봅시다. 당신이 지금까지 드린 예배 중에 하나님이 기억하시는 예배는 무엇일까요?

예배는 내 입장이 아니라 하나님 입장이 우선입니다. 내가 은혜받은 예배가 아니라는 말입니다. 예배는 하나님께서 "아무개야, 네가 드린 그 예배를 정말 감동적으로 받았다"고 말씀하시는 예배여야 합니다.

유월절 엿새 전에 예수께서 베다니에 이르시니 _요 12:1

예수님께서 유월절 6일 전에 베다니에 들르셨다고 합니다. 이는 예수님이 십자가에 달려 돌아가실 날이 얼마 남지 않았음을 암시합니다. 베다니는 얼마 전 예수님께서 죽은 지 3일이나 지난 나사로를 무덤에서 깨워 나오게 하신 장소입니다. 따라서 온 동네 사람들이 죽은 사람을 살리고, 나병을 치료한 예수님이 오셨다는 소식을 듣고 환영하러 나왔습니다.

> 유대인의 큰 무리가 예수께서 여기 계신 줄을 알고 오니 이는 예수만 보기 위함이 아니요 죽은 자 가운데서 살리신 나사로도 보려 함이러라 _ 요 12:9

무리가 예수님을 보러 나왔는데 그중에는 죽었다 살아난 나사로를 보러 오기도 했다고 합니다. 예수님께서 베다니의 나사로 집에 들른 것입니다. 이때 아무도 예상하지 못한 돌발 상황이 벌어집니다. 나사로의 여자 형제인 마리아가 아주 값 비싼 향유 나드 한 근(지금의 340그램)을 가져다가 예수님의 발에 붓고 자기 머리털로 예수님의 발을 씻어 드린 것입니다.

당시 중동 지방은 무척 높은 기온과 건조한 날씨 때문에 먼지가 많이 날렸습니다. 샌들을 신고 다니던 사람들의 발은 늘 흙먼지로 더럽혀져 있었습니다. 그 때문에 집 안에 손님이 오면 손과 발을 씻을 물을 제공했습니다. 특별한 손님에게는 향유가 제공되기도 했습니다.

그렇더라도 마리아의 행동은 좀처럼 보기 드문 일이었습니다. 하지만 한편으로 생각해 보면, 마리아로서는 죽은 오빠를 살리신 예수님께 이보다 더 큰 것도 해주고 싶었을 것입니다.

예수님은 나사로뿐 아니라 그의 형제인 마리아와 마르다와도 각별하게 지내셨습니다. 아마도 예루살렘에 방문하실 때면 가족처럼 지내던 나사로의 집을 방문하셨을 것입니다. 마리아는 감사와 존경의 표시로 예수님의 발아래 향유를 부었을 것입니다.

문제는 마리아가 사용한 향유 나드 한 근의 값입니다. 그것은 300데나리온으로 당시 노동자가 매일 일해서 1년간 벌어들인 돈과 맞먹는 값어치였습니다.

헬라어로 '나르로스'라고 불리는 나드 향유는 네팔, 인도, 부탄 등지의 히말라야산 3500~4500m에서 자라는 귀한 식물입니다. 6~7월에 꽃을 피우는데 10~12월 사이에 나드의 뿌리줄기를 채취해서 말려 향료품으로 사용했다고 합니다.

마리아는 그런 귀한 향유를 그것도 평생을 두고 쓸 수 있는 양을 모두 예수님의 발에 부어서 예수님께 최대의 존경과 감사를 표시한 것입니다. 그러고는 자신의 머리카락으로 예수님의 발을 씻겨 드렸습니다. 온 집 안에 향유 냄새가 진동을 했습니다.

마리아와 가룟 유다가
다를 수밖에 없는 이유

그때 예수님의 열두 제자 중 하나인 가룟 유다가 이 사건을 적극적으로 비판하고 나섭니다.

제자 중 하나로서 예수를 잡아 줄 가룟 유다가 말하되 이 향유를

어찌하여 삼백 데나리온에 팔아 가난한 자들에게 주지 아니하였느냐 하니 _요 12:4-5

가룟 유다의 말은 이렇습니다.

"예수님은 늘 가난한 자들의 친구를 자처하면서 왜 이런 엄청난 낭비를 허용하십니까? 그것을 팔아서 돈으로 바꾼다면 수많은 사람들을 도와줄 수 있을 것입니다."

유다의 비판은 그럴듯합니다. 그는 계산이 빠른 사람이었습니다. 마리아가 아낌없이 부어 버린 나드 한 근을 돈으로 환산하면 얼마나 되는지 금방 계산을 한 것입니다. 그의 지적은 상식적이고 논리적으로 틀리지 않습니다. 하지만 사랑은 합리적이지도 상식적이지도 논리적이지도 않습니다. 유다는 이 사실을 간과하고 있는 것입니다. 무엇보다 유다의 가장 큰 문제는 애초에 하나님과 예수님에 대한 사랑과 감격이 없다는 것입니다. 성경 어디를 봐도 예수님과 가룟 유다의 사랑 관계를 찾아볼 수가 없습니다.

가룟 유다는 정치적 메시아 운동을 하던 열심당원에 속한 인물입니다. 겉으로는 나라를 사랑하는 애국지사, 정의에 목마른 멋있는 사람이었습니다. 예수님을 따라다닌 것도 예수님이 가지신 능력으로 나라를 구해 줄 것이라 믿었기 때문입니다. 그러나 예수님은 가룟 유다처럼 이스라엘의 독립이나 정치나 권력에는 관심이 없으셨습니다. 예수님의 관심은 오로지 하나님 나라와 그 나라의 복음을 가르치는 것이었습니다.

가룟 유다는 이 점이 불만이었습니다. 스승인 예수님이 자신이 원하는 대로 움직여 주지 않는 것에 대해 분노했습니다. 이것이 그가 예수님을 '이중 인격자'로, 마리아를 '물질을 헛되이 낭비하는 자'로 몰아붙인 이유입니다.

요한은 가룟 유다의 이 같은 행동을 다음과 같이 평가하고 있습니다.

> 이렇게 말함은 가난한 자들을 생각함이 아니요 그는 도둑이라 돈궤를 맡고 거기 넣는 것을 훔쳐 감이러라 _ 요 12:6

굉장히 충격적인 고발입니다. 요한은 가룟 유다가 돈 맡는 회계로서 향유를 팔아 그 돈을 착복하고 싶었다고 증언하고 있습니다. 말로는 가난한 자를 위하고 나라를 위하는 것 같지만 사실은 철저히 자신의 유익만 구한 사람이라는 것입니다.

가룟 유다는 이제까지 이런 식으로 사람들이 예수님께 헌금한 물질을 자신을 위해 빼돌렸을 것입니다. 그러면서 오히려 그 죄를 예수님과 마리아에게 뒤집어씌웠습니다. 한국말 속담에 "방귀 뀐 놈이 오히려 성낸다"는 말이 있듯이 가룟 유다가 그랬습니다. 그래서 매사에 비판적인 사람은 유다처럼 자신은 아무것도 하지 않는 사람들인 경우가 많습니다.

흥미로운 것은 마태와 마가는 같은 사건을 기록하면서 당시 비판적인 입장을 취한 사람이 가룟 유다뿐만 아니라 몇 명 더 있었다고 증언하고 있습니다. 가룟 유다의 부정적인 시각이 제자들 사이에서 영향을 미치고 있었음을 알 수 있습니다.

예수님은 다음 주면 십자가에 달려 고난을 당하실 것입니다. 이 상황에서 두 사람이 극명하게 비교되고 있습니다. 마리아는 사랑하는 오빠를 살려 준 은인인 예수님이 하나님의 아들이라는 놀라운 사실 앞에 감격해서 온 마음을 다해 감사를 드리고 있습니다. 그녀는 드리고 또 드려도 모자랄 만큼 그 마음에 감사가 넘치고 있습니다.

> 주 예수보다 더 귀한 것은 없네 이 세상 부귀와 바꿀 수 없네
> 영 죽을 내 대신 돌아가신 그 놀라운 사랑 잊지 못해
> 세상 즐거움 다 버리고 세상 자랑 다 버렸네
> 주 예수보다 더 귀한 것은 없네 예수밖에는 없네
>
> (새찬송가 94장)

이 찬양은 이 세상 부귀와 예수님을 바꾸지 않겠다는 고백입니다. 그러므로 아무나 이 찬양을 부를 수 있는 게 아닙니다. 마리아와 같은 감격이 충만한 사람만이 부를 수 있는 노래입니다.

반면에, 가룟 유다는 마리아와 같은 감격이 없습니다. 그는 지난 3년간 예수님과 가장 가까운 곳에서 예수님의 이적과 역사를 직접 지켜본 사람입니다. 그럼에도 유다는 예수님에 대한 감격이 없습니다. 감사가 없습니다. 그의 가장 큰 문제는 그가 예수님을 사랑하지 않는다는 것입니다.

마리아의 향유 사건이 가룟 유다가 예수님을 팔아넘긴 결정적인 계기가 되었던 모양입니다. 이 사건이 있고 나서 며칠 뒤 가룟 유다는 예수님을 유대 지도자들에게 팔아넘기기로 작정했습니다.

마리아도 가룟 유다도 예수님과 매우 가깝게 지낸 사람들입니다. 하지만 두 사람은 전혀 다른 인생을 살게 되었습니다. 이유가 무엇일까요?

진심으로 우러나오는 사랑과 순종이 없다면, 예수님과 가까이 지내는 것만으로는 신앙생활이 절대 충분하지 않습니다.

예수님은 우리의 마음과 뜻과 정성을 다하여 하나님을 사랑하라고 명령하셨습니다. 마가는 마리아의 행동이 목숨을 다하여 하나님을 사랑한 예배였음을 놓치지 않았습니다.

> 그는 힘을 다하여 내 몸에 향유를 부어 내 장례를 미리 준비하였느니라 _ 막 14:8

마가는 마리아가 "힘을 다하여" 예수님의 장례를 준비했다고 증언합니다. 놀랍지 않습니까? 제자들도 예수님의 죽으심을 깨닫지 못했는데, 마리아는 주님의 죽으심을 준비했다는 겁니다.

마리아가 준비한 향유 나드 한 근은 지금으로 환산하면 3천만 원 정도 합니다. 마리아는 전 재산을 예수님께 바친 셈입니다.

마리아처럼 예배하십시오

우리의 예배 대상은 하나님과 예수님 한 분뿐입니다. 마리아는 이 점을 분명히 알았습니다. 그녀는 하나님을 예배함에 있어 자신의 물질과 사람들의 시선을 계산하지 않았습니다. 관계를 위해서 계산하고 있다면 그것은 이미 사랑이 아닙니다.

저는 앞에서 가난한 사람을 구제하는 것이 삶의 예배라고 했습니다. 또한 영혼을 구원하는 것이 예수님이 가장 원하시는 일입니다. 하지만 그보다 더 우선순위에 두어야 할 것은 예배입니다. 오늘이 마지막 예배라면 그 어떤 것보다 예배가 우선순위일 수밖에 없습니다. 마리아는 그런 간절한 마음으로 예수님의 장례를 준비했을 것입니다.

맹숭맹숭 앉아서 노래 듣고, 좋은 강연 듣고, 밥먹고 교제하다 가는 것이 예배가 아닙니다. 예배는 주님의 발아래 엎드려 나를 위해서 헌신하신 주님의 십자가를 기념하는 시간입니다. 그 주님의 구원에 감격하는 시간입니다. 예배는 그런 감격이 가득한 기도와 찬양, 선포로 채워져야 합니다.

마리아는 드려도 드려도 만족할 수 없는 감격으로 예수님의 발아래 향유를 부었고 머리카락으로 그 발을 씻었습니다. 나를 낮추고, 주님을 높여 드리는 것이 바로 예배입니다. 누가 이런 예배를 드릴 수 있습니까?

마리아가 놀라운 감격의 예배를 드릴 수 있었던 것은 그녀가 주님이 주신 은혜를 누렸기 때문입니다. 마리아는 사랑하는 오빠를 살리신 은혜의 감격을 받아 누렸습니다.

똑같은 환경에서 똑같은 하나님의 말씀과 똑같은 은혜가 주어지지만, 그것을 받아 누리는 것은 우리 각자의 몫입니다. 생각해 보십시오. 가룟 유다는 지난 3년간 주님과 동행하며 수많은 은혜를 체험했습니다. 하지만 그는 그 은혜를 은혜로 받아 누리지 못했습니다. 예수님의 삶과 사역에서 아무런 감격도 감사도 느끼지 못했습니다.

지금 주님의 은혜에 감격하지 못하는 것은 주님의 탓이 아닙니다. 주님의 십자가 앞에서 울고 안 울고는 내 탓이지 주님의 탓이 절대 아닙니다.

드려도 드려도 부족하다고 느끼는 마리아와 달리 가룟 유다는 빼앗아도 빼앗아도 더 갖고 싶은 검은 속내를 드러내고 있습니다. 이 차이가 두 사람의 인생을 갈라놓았습니다.

가룟 유다는 결국 고작 은 30에 예수님을 팔아넘겼고 마리아는 300데나리온으로 향유를 사서 예수님 발아래 부었습니다.

한편, 대제사장은 예수님의 능력의 증거인 나사로까지 죽이려 했습니다.

대제사장들이 나사로까지 죽이려고 모의하니 _ 요 12:10

이때 하나님은 예수님을 십자가 죽음에 팔아 우리의 생명을 구하셨습니다. 정리하면 이렇습니다.

- 가룟 유다는 예수님을 '이용하는 사람'이었습니다.
- 유대 지도자들은 예수님을 '대적하는 사람'들이었습니다.
- 많은 사람은 예수님을 '구경하러 온 사람'이었습니다.
- 그러나 마리아는 예수님을 '사랑하는 사람'이었습니다. 마리아는 가장 귀한 것으로 예수님의 발을 씻겨 드렸습니다.

가룟 유다도, 유대 지도자들도, 이스라엘 백성들도, 예수님 가까이에 있었지만 예수님을 사랑하지는 않았습니다. 예수님은 "네 보물 있는 그곳에는 네 마음도 있느니라"(마 6:21)고 말씀하셨습니다. 나에게 주어진 시간과 물질을 어디에 쓰는가가 내 삶의 가치관을 드러냅니다.

코로나 바이러스로 인해 경제적으로 힘들어진 이때, 우리가 할 일은 곳간을 여는 것입니다. 우리 교회는 중국 우한을 지원했고 성남시와 대구시를 지원했습니다. 경제적으로 힘들어하는 신학생들에게 장학금도 지원했으며, 사회복지재단에서 빵과 커피를 만들어 지역사회 나눔 활동도 진행했습니다. 그런데 이 모든 선행은 예수님을 사랑하는 마음으로 하는 것입니다. 주님을 사랑하는 마음으로 하는 선행은 사람과 사회를 변화시킬 수 있습니다.

그런데 우리는 왜 예수님을 사랑해야 합니까?

> 유월절 전에 예수께서 자기가 세상을 떠나 아버지께로 돌아가실 때가 이른 줄 아시고 세상에 있는 자기 사람들을 사랑하시되 끝까지 사랑하시니라 마귀가 벌써 시몬의 아들 가룟 유다의 마음에 예수를 팔려는 생각을 넣었더라 _ 요 13:1-2

예수님이 제자들을 끝까지 사랑하셨지만 가룟 유다는 예수님을 팔고자 하는 계획을 세웠습니다. 그럼에도 그날 저녁 예수님은 제자들의 발을 한 사람씩 씻겨 주셨습니다.

마리아만 예수님의 발을 씻겨 드린 것이 아닙니다. 예수님은 마리아의 눈물을 닦아 주셨고, 그가 사랑하는 나사로를 살려 주셨습니다. 그리고 제자들의 발을 손수 씻어 주셨습니다. 더 나아가 이제 예수님은 사랑하는 사람들을 위해 자기 목숨도 주실 것입니다. 마리아는 예수님의 그런 사랑에 감격해서 예수님의 발에 옥합을 깨뜨려 향유를 부어 발을 씻겨 드린 것입니다. 하나님이 먼저 우리를 사랑하신 것입니다.

여기서 다시 한 번 묻고 싶습니다. 당신의 예배 중에 하나님이 기억하시는 예배가 있습니까? 하나님이 기억하시는 당신의 헌신이 있습니까? 전통적으로 많은 신학자들이 요한복음의 마리아와 마가복음의 향유 옥합 기사를 같은 사건으로 보는데 그렇게 볼 때, 우리 주님은 아주 중요한 이야기를 들려주십니다.

그는 힘을 다하여 내 몸에 향유를 부어 내 장례를 미리 준비하였느니라 내가 진실로 너희에게 이르노니 온 천하에 어디서든지 복음이 전파되는 곳에는 이 여자가 행한 일도 말하여 그를 기억하리라 하시니라 _ 막 14:8-9

마리아의 헌신은 예수님이 기억하시는 헌신이었습니다. 성경 어디에도 사람에 대해 기념하고 기억하라는 말씀이 없습니다. 그런데 예수님은 복음이 증거되는 곳마다 마리아의 헌신을 기억하고 기념하라고 말씀하십니다. 그만큼 마리아의 헌신과 예배는 예수님이 기억하시는 것이었습니다.

마리아의 예배는 어떤 예배였습니까?

첫째, 우선순위를 분명히 한 예배였습니다.
둘째, 주님을 향한 간절한 사랑을 표현한 예배였습니다.
셋째, 은혜받은 자로서 드린 예배였습니다.

예수님은 이런 예배를 잊지 않으십니다. 먼저 예수님의 발을 씻겨 드리는 예배부터 드립시다. 그 사랑으로부터 이웃을 돌보게 될 것이며, 그때에 엄청난 역사가 일어날 것입니다.

예배를 위한 기도

지난날 우리가 가룟 유다처럼 주님을 이용해 뭔가 이득을 얻고자 했던 것을 회개합니다. 주님은 우리의 죄를 깨끗이 하기 위해 보혈을 흘리셨습니다. 그 놀라운 사랑에 감격하며 마리아처럼 힘을 다하여 주님을 사랑하도록 우리를 돌이켜 주옵소서. 향유 옥합을 깨뜨려 주님의 발을 씻겨 드리는 그리스도인이 되도록 믿음에 믿음을 더하여 주옵소서. 그 놀라운 사랑에 늘 감사하며 가장 먼저 예배를 우선순위에 놓는 그리스도인이 되게 하옵소서.

주님의 발을 씻겨 드리기 위해 낮게 엎드릴 때 우리 안에 무너졌던 모든 것이 회복되는 놀라운 역사가 있을 줄 믿습니다. 그 회복된 심령을 가지고 코로나 사태로 고통 가운데 있는 이 땅의 모든 백성을 돌볼 수 있기를 바랍니다. 그들에게 주님의 축복이 임하기를 간절히 원합니다.

예수님의 이름으로 감사하며 기도드렸습니다. 아멘.

3장

예배,
죄 사함에 대한 반응

눅 7:36-50

교회에
왜 오십니까?

요즘 간혹 매스컴이나 신문에서 "우리 교회는 50년의 역사 동안, 혹은 100년의 역사 동안 단 한 번도 예배를 중단한 적이 없는데, 이렇게 예배를 중단하게 되었다"는 이야기를 듣습니다. 하지만 우리는 결코 예배를 중단한 것이 아닙니다. 우리 믿음의 선조들도 그랬듯이 고난의 때에 다만 형태가 다른 예배를 드릴 뿐입니다. 주일에 교회에 모여 예배드리는 현장 예배를 중단했을 뿐이지 실제 예배를 중단한 것이 아닙니다. 그러니 예배를 중단했다는 식으로 말하지 말아야 합니다.

저는 2019년 9월에 지구촌교회에 부임해서 성령의 뜨거운 역사를 성도들과 함께 경험하며 은혜로운 시간을 보냈습니다. 전도면 전도, 찬양이면 찬양, 기도면 기도, 말씀이면 말씀, 사역이면 사역, 그야말로 뜨겁고도 폭발적이었습니다. 그 뜨거움을 경험한 사람으로서, 또한 교회에서 태어나 자랐고 지금은 사역을 하는 사람으로서 누구보다 공예배를 사모합니다.

하지만 지금 우리는 과거 한 번도 경험해 보지 못한 새로운 도전 앞에 있습니다. 코로나 사태는 '팬데믹'(pandemic) 즉 전 세계적인 대유행병이 되었습니다. 미국과 유럽을 비롯해 특히 의료시설이 좋지 않은 아프리카 등이 코로나로 인한 고통을 당하고 있습니다. 확진자인지 아닌지 판별할 능력이 없는 나라도 상당수입니다. 더구나 전 세계가 경제적으로 어려움을 겪을 것입니다. 더 절망적인 것은 앞으로도 이 같은 사태가 지속될 수 있다는 것입니다.

구약시대에 히브리 민족은 하나님께서 그들이 만든 장막에서만 나타나시는 줄 알았습니다. 가나안에 정착해 성전을 봉헌한 뒤에는 예루살렘 성전에만 하나님이 임재한다고 믿었습니다. 하지만 율법을 따라 예배를 드렸으나 우상숭배에 빠졌고, 결국 나라가 망하고 예루살렘 성전이 불에 타 잿더미가 되었으며, 백성들은 바벨론의 포로로 잡혀갔습니다.

이스라엘 백성은 그래서 예배를 포기했을까요? 아닙니다. 성전도 없고 제사장도 없었으며 백성들은 비록 뿔뿔이 흩어졌지만 삶의 자리에서 회당을 세우고 모이기를 힘쓰며 예배를 드렸습니다. 또한 위기의 순간마다 에스더, 느헤미야, 다니엘 같은 이들이 나타나 백성의 믿음을 지켰습니다. 예루살렘과 성전이 무너지니 오히려 예배에 힘썼습니다.

신약시대 예수님이 이 땅에 오셨다 가신 뒤 제자들에 의해 초대 교회가 세워졌고, 엄청난 성령의 역사로 말미암아 뜨겁게 부흥했습니다. 그런데 스데반의 죽음을 계기로 핍박이 거세졌습니다. 그리스도인들은 뿔뿔이 흩어졌고, 흩어진 그곳에서 예배를 드리며 복음 전파에 힘썼습니다. 같이 있을 때보다 흩어졌을 때 더 큰 부흥이 일어났습니다.

사도행전 2장의 성령의 역사가 전 세계에 흩어진 유대인들이 예루살렘에 모였을 때 나타난 것이었다면, 사도행전 8장의 핍박의 역사는 교회가 곳곳으로 흩어져서 복음을 듣지 못한 사람들에게 다가간 복음 선교의 역사였습니다. 핍박은 하나님의 도움이 부재한 것 같은 아이러니로 보였지만, 신앙에서는 도리어 정답이었고, 영적 돌파구였습니다.

'모이는 교회, 흩어지는 교회.' 이것은 원로 목사님 시절부터 지금까지 지구촌교회가 추구하는 목장 교회의 핵심 슬로건입니다. 저의 목회 철학이기도 합니다. 때문에 우리는 흩어져 있는 시간을 통하여 오히려 모여서 드리는 공예배를 진정으로 사모하며, 예배의 참된 본질을 회복하는 계기로 삼아야 할 것입니다. 지금은 하나님께서 한국 교회로 하여금 스스로 돌아보는 황금의 시간(golden opportunity)을 허락하신 '그때'입니다.

저는 하나님께서 이번 기회를 통하여 한국 교회의 예배를 새롭게 하고 계심을 매 순간 확신하고 있습니다. 교회의 갱신은 한국 사회의 갱신을 가져올 것입니다. 그것이 순서이기 때문에 그렇습니다. 회복의 시작은 강단에서 비롯됩니다. 강단이 회복되면 교회가 회복되고 목회자가 회복되며 성도가 회복됩니다.

여기서 한 가지 질문을 하겠습니다.

"주일에 교회에 올 때 어떤 마음으로 오십니까?"

'나 오늘 하나님 만나러 간다' 하면서 오십니까, 아니면 '나 오늘 좋은 사람들 만나러 간다, 혹은 예배에 울려 퍼지는 멋들어진 찬양 때문에 간다, 혹은 교회가 주는 유익 때문에 간다'는 마음으로 오십니까? 아니면 교회가 고향 같은 곳이라서 오십니까?

물론 하나님 만나러 교회에 오면서 사람도 만나고 멋들어진 찬양도 듣고 고향에 온 듯이 푸근하면 좋지요. 하지만 그것이 주(主)가 되면 안 됩니다. 그러면 교회의 마당만 밟고 돌아가게 됩니다.

교회에 오는 궁극적인 목적은 하나님을 만나기 위해서 오는 것이어야 합니다. 그런데 하나님은 예배당에만 계신 분이 아닙니다. 이 사실을 간과하면 안 됩니다. 그럼에도 불구하고 교회에 왔다면 하나님을 만나는 것이 가장 큰 목적이 되어야 합니다.

환영받지 못한 여인의 예배

누가복음 7장 36-50절에는 두 예배자가 나옵니다. 첫 번째 인물은 예수님을 자신의 집으로 초대한 '시몬'이라는 사람입니다. 예수님을 집으로 초대한 것을 보면 그가 예수님에게 상당한 관심을 가지고 있었음을 알 수 있습니다. 그런데 시몬이라는 사람은 바리새인이었습니다.

1세기 당시 유대교는 바리새파, 사두개파, 에세네파로 나뉘어 있었습니다. 바리새파는 가장 막강한 분파였는데 예루살렘 인구 중 약 6천 명이 바리새파를 따랐습니다. 지금의 국회의원이라 할 수 있는 산헤드린 공회는 모두 70명으로 구성되었는데 바리새인과 사두개인이 그 구성원이었습니다. 사두개인은 부활을 믿지 않는 엘리트와 제사장 그룹이었던 반면에, 바리새인은 부활을 믿었고, 주로 중상층 노동자, 귀족, 상공인 출신이었습니다.

바리새인은 당시 종교, 정치, 경제에 막강한 영향력을 행사하는 유대교의 가장 강력한 분파이면서 예수님을 가장 적대시한 그룹입니다. 시몬은 바로 그런 바리새인으로서 예수님을 그의 집에 초대한 것인데, 이는 매우 이례적인 일이었습니다.

시몬은 아마 당시 유명인사인 예수님을 초대함으로써 자신의 권세를 과시하고 싶었던 것 같습니다. 흥미로운 것은 적대적인 관계에 있던 바리새인 시몬의 초청에 예수님께서 응해 주신 것입니다.

그런데 이 잔치에 아무도 예상하지 못했던 한 여인이 등장합니다.

> 그 동네에 죄를 지은 한 여자가 있어 예수께서 바리새인의 집에 앉아 계심을 알고 향유 담은 옥합을 가지고 와서 _눅 7:37

성경은 이 여인이 죄인이라고 밝힙니다. 여인은 예수님이 바리새인의 집에 오신 것을 알고 의도적으로 예수님을 찾아왔습니다. 그녀가 이 잔칫집에 찾아온 목적은 예수님을 만나기 위해서입니다.

> 예수의 뒤로 그 발 곁에 서서 울며 눈물로 그 발을 적시고 자기 머리털로 닦고 그 발에 입맞추고 향유를 부으니 _눅 7:38

학자들은 이 여인이 매춘부였을 것이라고 추정합니다. 만일 그랬다면 이 여인은 당연히 이 모임에서 반갑지 않은 불청객이었을 것입니다.

앞에서도 예수님의 발에 향유를 부은 여인이 있었습니다. 바로 죽은 나사로의 친동생 마리아입니다. 마리아는 오빠가 살아 돌아온 것에 대한 감사로 향유를 예수님께 바쳤습니다. 가룟 유다처럼 딴생각을 하는 사람들 외에는 마리아의 행동을 이해하고도 남음이 있습니다.

하지만 바리새인 시몬의 집에 찾아온 이 여인은 어느 누구한테도 환영받지 못하는 존재였습니다. 그랬기에 여인은 마리아처럼 당당히 예수님 앞에 나온 것이 아니라 아무한테도 들키지 않으려고 예수님 뒤에서 다가왔습니다. 그리고 하염없이 눈물을 흘렸습니다. 얼마나 울었던지 눈물이 예수님의 발을 적셨다고 합니다. 여인은 울면서도 머리털로 예수님의 발을 닦았고 계속해서 그 발에 입을 맞췄습니다.

그런 다음 여인은 옥합을 꺼내 예수님의 발에 부었습니다. 옥합은 매우 비싸고 고급스러운 용기로 그 안에 아주 값비싼 향유가 들어 있었습니다. 보통 향유는 머리에 붓는데, 여인은 처음부터 예수님 뒤에서 발아래로 간 것으로 보아, 예수님의 얼굴조차 제대로 쳐다보지 못한 것 같습니다. 성경에 나오는 인물 중 이처럼 겸손하게 예수님에 대한 존경과 사랑의 마음을 표현한 사람이 있을까 싶습니다. 당연히 예수님은 그녀의 행동에 감동을 했습니다.

이때 마리아의 행동을 비판한 가룟 유다와 같은 사람이 등장합니다.

> 예수를 청한 바리새인이 그것을 보고 마음에 이르되 이 사람이 만일 선지자라면 자기를 만지는 이 여자가 누구며 어떠한 자 곧 죄인인 줄을 알았으리라 하거늘 _ 눅 7:39

바로 예수님을 자신의 집으로 초대한 바리새인 시몬입니다.

여인은 시몬이 알 정도로 동네에서 죄인으로 낙인 찍힌 사람이었습니다. 당시 유대의 율법은 부정한 사람과 접촉하는 것 자체를 죄로 여겼습니다. 시몬의 생각에는 예수님이 정말 선지자라면 이 여인의 정체를 단번에 알아보고, 애초부터 이 여인이 접근하는 것을 막았을 것이라고 생각했습니다. 그러면서 그렇게 하지 않은 예수님을 정죄했습니다. '이 사람 능력 있는 선지자인 줄 알았는데, 죄인도 못 알아보고 접촉하는 형편없는 사람이구만' 했던 것입니다.

이때 예수님께서 시몬의 마음을 꿰뚫어보고 다음과 같이 말씀하십니다.

> 예수께서 대답하여 이르시되 시몬아 내가 네게 이를 말이 있다 하시니 그가 이르되 선생님 말씀하소서 _ 눅 7:40

시몬은 예수님이 자신의 생각을 읽지 못할 줄 알고 즉각적으로 대답했습니다. 예수님은 예화로 이 상황을 설명하십니다.

> 이르시되 빚 주는 사람에게 빚진 자가 둘이 있어 하나는 오백 데나리온을 졌고 하나는 오십 데나리온을 졌는데 갚을 것이 없으므로 둘 다 탕감하여 주었으니 둘 중에 누가 그를 더 사랑하겠느냐 _ 눅 7:41-42

한 사람이 500데나리온의 빚을 졌다고 합니다. 한 데나리온은 한 노동자의 하루 품삯이므로 500일의 품삯을 빚진 것입니다. 또 다른 사람은 500데나리온의 10분의 1인 50데나리온의 빚을 졌습니다. 그런데 두 사람 다 빚을 갚을 능력이 없었습니다. 그러자 주인이 두 사람의 빚을 동일하게 탕감해 주었습니다.

예수님은 바리새인 시몬에게 이 두 사람 중 누가 더 기쁘겠느냐고 물으십니다. 시몬이 당연히 더 많이 탕감받은 자라고 대답하자, 예수님은 너의 말이 옳다면서 본격적으로 이 예화를 풀이해 주십니다.

> 그 여자를 돌아보시며 시몬에게 이르시되 이 여자를 보느냐 내가 네 집에 들어올 때 너는 내게 발 씻을 물도 주지 아니하였으되 이 여자는 눈물로 내 발을 적시고 그 머리털로 닦았으며 너는 내게 입맞추지 아니하였으되 그는 내가 들어올 때로부터 내 발에 입맞추기를 그치지 아니하였으며 너는 내 머리에 감람유도 붓지 아니하였으되 그는 향유를 내 발에 부었느니라 _눅 7:44-46

시몬이 예수님을 집으로 초청하기는 했으나 예수님께 발 씻을 물도 주지 않았고 입을 맞추지도 않았습니다. 시몬은 한마디로 예수님을 귀하게 대접하지 않았습니다. 그는 단지 자신의 권위를 과시하려고 예수님을 초대한 것입니다. 그런 시몬에게 예수님은 섭섭한 마음을 감추지 않으셨습니다.

지금도 예수님은 우리가 예수님을 만나러 교회에 와서 마당 뜰만 밟고 가면 못내 섭섭해하십니다. 교회에 오면서 예물도 준비하고 예배에도 참석했지만, 내가 드린 예배가 하나님께 상달되었는지 확인도 하지 않고 집으로 돌아간다면 그것은 마당 뜰만 밟은 예배입니다. 내 할 일만 다하고 하나님은 본 척 만 척하는 이 같은 예배에 대해 하나님은 섭섭해하십니다.

> 이러므로 내가 네게 말하노니 그의 많은 죄가 사하여졌도다 이는 그의 사랑함이 많음이라 사함을 받은 일이 적은 자는 적게 사랑하느니라 _ 눅 7:47

예수님은 시몬의 검은 속내를 이 촌철살인의 한마디로 낱낱이 드러내십니다. 그러면서 여인에 대해서는 죄가 용서되었다고 선언하십니다.

그런데 오해하지 마십시오. 죄는 죄입니다. 예수님도 이 여인이 죄가 있음을 말씀하셨습니다. 예수님은 우리보다 우리의 죄에 대해 더 민감하신 분입니다. 예수님은 거룩 자체이기 때문입니다. 하지만 여인의 죄는 용서받았습니다.

여인은 어떻게 죄를 용서받았습니까? 여인은 500데나리온의 빚을 탕감받은 사람처럼 예수님에 대한 감사와 사랑이 넘쳐났습니다. 여인은 시몬의 집에 초대받지 않은 매우 반갑지 않은 사람이었습니다. 하지만 여인은 그 따가운 시선 따위를 개의하지 않았습니다. 그저 예수님께 감사하고 사랑하는 마음을 표현하고 싶어서 앞뒤 계산하지 않고 달려왔습니다.

이것이 바로 예배입니다. 예배에는 내 죄를 용서하신 주님에 대한 사랑과 감사가 넘쳐야 합니다. 감격의 기쁨이 흘러넘쳐야 합니다.

여인은 겸손하면서도 강렬하게 예수님께 감사의 마음을 표현했습니다. 예수님은 여인의 이 같은 행동을 주님에 대한 사랑의 표현이라고 칭찬하셨습니다.

여인의 예배는 어떤 예배였습니까? 우리는 예배를 드릴 때 어떻게 드려야 합니까?

참된 예배자에게 있는 것

한국 교회를 망치는 것 중 하나가 뿌리 깊은 유교 문화입니다. 한마디로 체면치레하는 것입니다. 죄 사함 받았다면 주님이 주신 자유함을 예배에서 표현해야 합니다. 그것이 주님을 존중하는 것이고 경외하는 것입니다.

여인은 예수님께 낮은 자세로 다가와 하염없이 눈물을 흘렸습니다. 나 같은 자를 있는 그대로 받아 주시고 죄를 용서해 주신 주님께 감사해서 흘린 눈물입니다. 여인은 눈물을 흘리면서 예수님의 발을 적신 눈물을 자신의 머리카락으로 닦고, 귀한 향유를 붓고, 주님의 발에 몇 번이고 입을 맞추었습니다. 그야말로 자신의 죄를 용서해 주신 예수님에 대한 완전하고 순전한 예배자의 모습입니다.

바리새인 시몬은 물질과 권세는 있었을지 모르지만 여인이 가진 감사와 사랑과 자유함은 단 한 가지도 없었습니다. 오직 '나는 죄인인 이 여인과 같지 않다'는 자기 의로 똘똘 뭉쳐 있었습니다. 이런 사람은 거룩하신 하나님께 참된 예배를 드릴 수 없습니다.

예수님은 많이 탕감받은 자가 사랑이 많다고 하십니다. 예수님이 내 죄를 사해 주셨으니 당연히 예수님을 사랑하게 됩니다. 뿐만 아니라 내 죄가 사함을 많이 받았기 때문에 다른 사람에 대해서도 정죄하지 않으며 사랑을 하게 됩니다.

하지만 시몬은 자신이 의인이라고 생각했기 때문에 죄 사함에 대한 감사도 기쁨도 없었습니다. 당연히 예수님을 사랑하지도 않았습니다. 그러니 참된 예배를 드릴 수 없는 것입니다. 예배를 판단하고, 하나님을 판단하고, 사람을 판단하고 정죄하는 사람이 드린 예배가 어떻게 하나님께 상달될 수 있겠습니까?

하나님을 창조주로 믿고 예배하는 사람들은 값으로 매길 수 없는 죄를 탕감받은 사람들입니다. 누가복음 7장 42절의 '탕감하여'에 해당하는 헬라어는 '카리조마이'로 '은혜'라는 뜻의 '카리스'에서 나온 말입니다. '카리조마이'는 '자비롭게 은혜로 주다'라는 뜻입니다. 예수님은 이 여인이 죄사함의 은혜를 누린 것은 그녀의 믿음 때문이라고 말씀하셨습니다.

이에 여자에게 이르시되 네 죄 사함을 받았느니라 하시니 함께 앉아 있는 자들이 속으로 말하되 이가 누구이기에 죄도 사하는가 하더라 예수께서 여자에게 이르시되 네 믿음이 너를 구원하였으니 평안히 가라 하시니라 _ 눅 7:48-50

예수님께서 십자가에서 돌아가신 사건은 모든 죄인들을 위한 예수님의 희생이었습니다. 그러니까 십자가 사건은 내가 죄인이라고 생각하는 사람들에게 해당하는 사건입니다. 예수님은 의인을 위해 십자가에 달리시지 않았습니다.

십자가 사건이 나의 사건이 되려면 내가 죄인이라는 사실을 인정해야 하고, 그 죄가 탕감받았다는 사실을 은혜로 누려야 합니다. 그것이 믿음입니다. 십자가의 죄 사함을 받은 사람들이 자유함 속에서 예수님께 대한 감사와 사랑을 표현하는 것이 예배입니다.

그러므로 진정한 그리스도인은 코로나 확진자들에 대해 비난하지 않습니다. 그들을 정죄하지 않습니다. 바이러스는 누구든지 걸릴 수 있는 것입니다. 의인도 걸릴 수 있고, 죄인도 걸릴 수 있습니다. 그리스도인도 걸릴 수 있고, 비그리스도인도 걸릴 수 있습니다.

악의를 품고 의도적으로 바이러스를 퍼뜨리는 사람들은 하나님께서 판단하실 것입니다. 우리가 할 일은 다만 코로나에 걸린 사람들을 위해, 그로 인해 어려움을 겪는 사람들을 위해 기도하는 것입니다. 그것이 죄를 탕감받은 사람이 보이는 마땅한 사랑의 반응입니다.

예배의 본질은 장소가 아니라, 하나님께서 그의 아들을 통하여 우리에게 베풀어 주시는 죄 용서함에 대한 반응에 있음을 잊지 마십시오.

아무리 많은 사람이 화려한 성전에 모여서 예배해도 죄 사함에 대한 감사함이 없고 사랑하며 살지 않는다면, 그것은 예수님을 초청하고는 아무런 대접도 하지 않은 시몬의 모습과 같은 것입니다. 그런 예배를 주님은 결코 기뻐하시지 않습니다.

코로나 바이러스는 결국 지나갈 것입니다. 항체도 생길 것이고, 백신도 개발될 것입니다. 경제는 다시 돌아갈 것이고, 이전과 완전히 같을 수는 없겠지만 사람들은 언제 그랬냐는 듯이 일상의 삶으로 돌아올 것입니다.

그러나 코로나 바이러스를 치료한다 해도 인간의 근본적인 죄의 바이러스는 치료되지 않습니다. 그 죄의 바이러스는 오직 예수님의 보혈로만 치료가 가능합니다.

바리새인은 죄의 바이러스를 치료하는 분이 앞에 계신데도 예배하지 않았습니다. 반면에 여인은 사람들의 따가운 시선은 계산하지 않고 예수님의 발아래 꿇어 앉아 그 발에 입맞추며 예수님을 예배했습니다. 예배는 죄 사함에 대한 반응입니다.

예배를 위한 기도

Prayer

헬라인이든 유대인이든, 그가 죄인이든 아니든 누구든지 사랑으로 받아 주시는 하나님의 은혜에 감사드립니다. 특별히 주님을 모르다가 주님께 돌아온 주의 백성을 축복하여 주옵소서. 그가 세상에 속했을 때는 자기 죄를 깨닫지 못했으나 주님을 만난 뒤 자기가 죄인임을, 가장 많은 빚을 탕감받은 자임을 깨달은 것이 은혜이며 축복입니다. 그는 주님의 보혈의 은혜에 가장 감격한 주의 백성입니다. 주의 백성이 주님을 찬양하고 경배하는 열정이 사라지지 않도록 인도하여 주옵소서. 그 감격의 눈물이 마르지 않게 하옵소서.

예배의 본질은 장소가 아니라, 하나님께서 그의 아들을 통하여 우리에게 베풀어 주시는 죄 용서함에 대한 반응에 있음을 잊지 않게 하옵소서.

예수님의 이름으로 감사하며 기도드렸습니다. 아멘.

4장

예배,
주님의 옷자락을 붙드는 것

막 5:24-34

절박할 때
붙드는 것이 무엇입니까?

2020년 3월 21일 현재, 전 세계 코로나 바이러스 확진자가 30만 명을 육박했습니다. 사망자는 1만 2천 명을 넘어섰습니다. 지난 3일 동안 확진자가 10만 명이 늘었고, 사망자가 3천 명 이상 늘었습니다. 지구촌 어느 곳에서는 마스크를 구할 수 없어 비닐을 얼굴과 온몸에 뒤집어쓰거나 스테인리스 국그릇을 뚫어서 마스크 대용으로 쓰면서 안간힘을 다하고 있습니다.

세계 증시의 지표라고 할 수 있는 미국 증시는 33년 만에 최악을 기록했고, 연일 기록을 경신하고 있습니다. 미국뿐 아니라 전 세계가 경제, 산업, 정치, 외교, 식량, 교육, 문화, 예술 등 전 분야에서 패닉 상태에 빠졌습니다.

바이러스 하나가 가져온 공포와 두려움, 절망감은 무신론자

건 유신론자건 종말론을 심심찮게 꺼내 들게 합니다. 인간이 이뤄 온 과학과 문명에 한계가 있음을 인정하지 않을 수 없기 때문입니다. 엄청난 발전을 이룬 21세기를 사는 우리지만 이렇게 바이러스 하나에도 무기력하기만 합니다.

저는 이번 코로나 사태를 겪으면서 우리가 흔히 말한 '불확실성의 시대'를 절감하게 됩니다. 인류 역사상 이렇게 풍요롭고 자유롭고 문명이 발달한 때가 없는데도 현대는 불확실합니다. 온갖 화려하고 근사하고 멋진 것들로 포장해도 우리는 불확실한 존재입니다. 이 사실을 깨닫고 인정해야 합니다.

저는 목회를 하면서 참된 신앙이란 결국 내가 가장 절박할 때 붙드는 것이라는 걸 깨달았습니다. 내가 절박할 때 돈을 붙들면 그 물질이 결국 내 신앙의 본질이고, 사람을 붙들면 그 사람이 내 신앙의 핵심이며, 권력을 붙들면 결국 그것이 나의 신앙인 것입니다. 평상시에는 나도 속이고 타인도 속일 수 있지만 고난이 닥치면 누구도 속일 수 없게 됩니다. 나의 본질이 드러날 수밖에 없기 때문입니다.

인생의 모든 것이 무너져 내릴 때 가장 절박하게 붙드는 것이 무엇입니까? 지금 무엇을 붙들고 있습니까? 끝까지 붙들 것은 무엇입니까? 여기에 대한 답이 바로 예배에 대한 본질이 될 것입니다.

나의 마지막은 하나님의 시작입니다

마가복음 5장 24-34절에는 한 여인이 등장합니다. 이 여인은 소문을 듣고 예수님을 찾아왔습니다. 그런데 이 여인은 예수님을 만나려고 줄을 선 것도 아니고, 제자들에게 미리 부탁을 한 것도 아니었습니다. 많은 사람이 있는 길 한복판에서 아무도 모르게 예수님께 다가갔습니다.

예수님은 지금 유대인 회당장의 딸을 살려 주러 길을 가던 중이었습니다. 그전에는 갈릴리 동쪽 이방 지역에서 사역하신 후에 유대 지역인 갈릴리 서쪽으로 이동하셨습니다. 갈릴리에서의 사역이 알려지자 그 소문을 듣고 사람들이 무리를 이루어 예수님을 따르고 있었습니다.

회당장의 이름은 야이로입니다. 당시 회당은 유대교의 율법을 다루고 지역 예배를 감당하는 유대인들의 핵심 장소였습니다. 당연히 유대 종교 지도자의 영향권 아래 있었습니다. 따라서 회당장 야이로는 당시 분위기상 예수님과 거리를 둔 관계였습니다.

그런 그에게 엄청난 고난이 닥쳤으니, 바로 사랑하는 어린 딸이 죽어 가고 있는 겁니다. 어찌나 다급했던지 회당장이라는 직분도 뒤로하고 예수님께 달려가 자신의 딸을 살려 달라고 애원을 했습니다. 누가는 이 딸이 열두 살이며 외동딸이었다고 기록하고 있습니다(눅 8:42).

예수님은 회당장 야이로의 간청을 들으시고 그와 함께 그의 집으로 향하셨습니다. 예수님을 따르는 무리가 더 커졌습니다.

이에 그와 함께 가실새 큰 무리가 따라가며 에워싸 밀더라 _막 5:24

회당장의 딸을 살리러 가신다니 궁금해서 더 많은 무리가 모여든 겁니다. 그 무리 중에 혈루증을 앓는 한 여인이 있었습니다.

열두 해를 혈루증으로 앓아 온 한 여자가 있어 _막 5:25

혈루증은 대개 혈관 조직이 약해져서 혈관의 틈을 통해 피가 몸 밖으로 나오는 무서운 병입니다. 구약시대에는 '유출병'이라고 했습니다. 전통적으로 유대인들은 한센병과 아울러 이 혈루증을 죄에 대한 하나님의 형벌로 생각해서 부정하게 여겼습니다. 따라서 혈루증을 앓게 되면 사회생활은 물론 종교생활도 하지 못하고 사람들로부터 격리되어야 했습니다(레 15:1-13, 25-33).

몸이 아픈 것도 서러운데 죄인으로 취급되어 격리돼 생활해야 했으니 그 설움이 얼마나 컸겠습니까. 때문에 이 여인은 회당장 야이로처럼 예수님 앞에 당당하게 나올 수 없었습니다.

성경은 여인이 12년 동안 이 병을 앓았고, 치료를 위해 많은 의원을 찾아갔다고 말하고 있습니다. 용하다고 소문난 장안의 의사들을 다 찾아가 보았지만 결과는 실망스러웠을 뿐입니다. 수소문해서 의사를 찾아갔다는 것을 보면 이 여인은 부모 혹은 남편이 재산이 많았던 것 같습니다. 이런 불치병만 걸리지 않았다면 나름대로 행복했을 인생입니다.

그렇게 혈루증을 12년간 앓는 동안 주변의 사람들도 떠나가고 재산도 탕진하고 이제 남은 건 절망밖에 없습니다. Nothing to lose! 더 이상 잃어버릴 것이 없는 상태입니다.

그런 여인에게 예수님의 소문이 들려왔습니다. 못 고치는 병이 없을뿐더러 마음의 병까지 치료해 주신다는 소문이었습니다. 여인은 마지막이라 생각할 때 하나님은 시작을 여십니다.

나의 마지막은 하나님의 시작입니다. 인생이 바닥을 친다고 여겨질 때 자기의 본성이 드러나게 됩니다. 그때 내 문제가 무엇인지 깨닫게 됩니다. 그리고 내게 무엇이 필요한지 알게 됩니다. 12년간의 고통을 통하여 여인은 자신의 문제가 무엇인지 동시에 그래서 그녀의 필요가 무엇인지 정확히 알게 되었습니다. 여기서부터 행복한 인생으로 가게 됩니다. 나의 문제점을 알고 내게 필요한 것이 무엇인지 깨달으며 그 필요를 채워 줄 수 있는 궁극적인 존재가 누구인지 발견하는 것이 행복한 인생입니다.

이가 아픈 사람에게는 내과 의사가 소용이 없습니다. 암에 걸려 사경을 헤매는 사람에게 억만금은 아무 가치가 없습니다.

엄마 품과 젖이 그리워 우는 아이에게 고급 승용차가 무슨 소용입니까? 눈에 심한 염증이 생겨 시력을 잃어 가는 환자에게 궁궐과 같은 저택은 아무런 의미가 없습니다.

마찬가지로 영적으로 혹은 육신적으로 병에 걸려서 세상 의학으로는 고칠 수 없을 때 세상의 어떤 부귀 권세도 나의 필요를 만족시킬 수 없습니다. 이때는 오직 우리를 만드신 하나님의 아들 예수 그리스도만이 우리의 병을 치료할 수 있습니다.

기적을 경험하는 사람들은 대개 바닥을 먼저 경험하게 됩니다. 그런 의미에서 상처는 '치유와 회복'의 다른 이름입니다. 내게 있는 상처를 아는 사람은 치유와 회복의 길을 찾게 됩니다.

세상적인 포기는 하늘의 소망을 얻게 되는 통로가 될 수 있음을 믿으시기 바랍니다. 여인은 지난 12년간 모든 세상적인 방법들을 다 동원해 보았으나 아무런 효과도 없다는 걸 뼈저리게 경험했습니다. 그리고 이제 오직 예수 그리스도만이 자신의 병든 육과 영을 치유할 수 있다는 확신을 가지게 되었습니다. 이 확신은 예수님에 대한 소문을 들음에서 생긴 것입니다. 여인은 들음으로 확신을 했고 '내가 반드시 그분을 만나리라'고 간절히 소망했습니다.

여인은 예수님을 만나기 위해 나름대로 계획을 세웠습니다. 무리 가운데 조용히 들어가 예수님의 옷자락을 만지기로 한 것입니다. 그러기만 해도 병이 나을 것이라고 믿었습니다.

예수의 소문을 듣고 무리 가운데 끼어 뒤로 와서 그의 옷에 손을 대니 이는 내가 그의 옷에만 손을 대어도 구원을 받으리라 생각함일러라 _ 막 5:27-28

마가는 이 여인의 병이 치료되는 것을 '구원'이라고 말하고 있습니다. 예수님을 만나는 것 자체가 육신의 질병보다 더 중요한 영혼의 치료가 되기 때문입니다. 여인에게 이런 믿음이 있었습니다. 절망이 너무 깊으면 이 같은 소망을 바라보게 됩니다.

예수님은
간절함을 보십니다

여인은 믿음을 따라 예수님의 옷에 손을 대었습니다. 그러자 그 즉시 병이 몸에서 나갔다는 걸 알았습니다.

이에 그의 혈루 근원이 곧 마르매 병이 나은 줄을 몸에 깨달으니라 _ 막 5:29

여인은 예수님의 옷을 만짐과 동시에 자신의 몸에 즉각적이고 엄청난 변화가 일어난 것을 감지했습니다. 12년간 한 번도 느껴 보지 못한 병으로부터 자유함입니다. 옷만 만져도 나을 것이라고 확신했다 할지라도 실제로 그 믿음이 현실이 되었을 때 얼마나 놀랐을까요? 얼마나 기뻤을까요?

이때 예수님께서 반응하십니다.

> 예수께서 그 능력이 자기에게서 나간 줄을 곧 스스로 아시고 무리 가운데서 돌이켜 말씀하시되 누가 내 옷에 손을 대었느냐 하시니 _막 5:30

사실 예수님의 이 질문은 좀 이상합니다. 수많은 인파가 예수님을 따르면서 서로 밀치기도 했다고 성경은 말하고 있습니다. 그렇게 많은 사람들에 둘러싸였으니 당연히 예수님 몸에도 사람들의 손이 닿았을 것입니다. 제자들이 황당해서 이렇게 묻습니다.

> 제자들이 여짜오되 무리가 에워싸 미는 것을 보시며 누가 내게 손을 대었느냐 물으시나이까 하되 _막 5:31

이는 제자들이 "사람이 이렇게 많은데 당연히 서로 몸이 닿을 수 있는 것 아니에요?" 라고 묻고 있는 겁니다.

하지만 예수님은 그 수많은 사람들의 접촉과 다른 접촉을 느끼셨습니다. 어떤 사람은 다른 사람들한테 밀려서 예수님을 만졌을 것이고, 어떤 사람은 호기심에 예수님을 만졌을 것이지만, 여인의 만짐은 그들과 달랐습니다.

많은 사람들이 예배드리지만, 하나님의 온전하심과 임재하심과 함께하심과 치료하심을 느끼는 사람은 단 한 사람일 수 있습니다. 예수님은 여인의 손에서 무엇을 느꼈던 것일까요? 바로 간절함입니다. 아니 간절함을 넘어 절규였을 것입니다.

그는 예수님을 제대로 쳐다보지도 못한 사람입니다. 다만 옷자락이라도 잡아 보겠다는 심정으로 나온 사람입니다. 예수님은 여인의 이 간절함을 알아보신 것입니다. 예수님과 신체적인 접촉을 한 사람은 무수히 많았지만 예수님은 오직 이 여인의 터치만 알아보았습니다. 예수님의 능력을 입은 것도 이 여인이 유일했습니다.

이유가 무엇입니까? 왜 같은 예배를 드리면서도 누구는 하나님을 만나고 누구는 못 만납니까?

치료받고자 하는 여인의 절규와 같은 믿음과 그 필요를 채우시려는 예수님의 긍휼하심이 있었기에 여인은 예수님의 능력을 입을 수 있었습니다.

성경을 보면 예수님을 찾아온 사람들 중 질병을 치료받지 못하고 돌아간 사람은 아무도 없습니다. 왜 그렇습니까? 하나님은 우리를 만날 준비를 충분히 하고 계신 까닭입니다. GOD is ready! 그러니 예수님을 만나지 못하는 책임은 전적으로 우리에게 있습니다. 간절함이 없는 것입니다.

우리도 각자 다른 목적을 가지고 예수님을 나름대로 만날 것입니다. 그런데 만나고자 하는 진지한 간구가 있습니까? 간절한 목마름이 있습니까?

완전한 치유를 선포하시는 예수님

무슨 죄를 지었는가보다 더 중요한 사실이 있습니다. 내가 바로 죄인이라는 사실을 아는 것입니다. 나의 영혼이 병들어 가고 있다는 걸 인지하는 것입니다.

환자에게 가장 중요한 일은 자신이 환자라는 사실을 인정하는 것입니다. 이것을 인정해야 자신의 병이 얼마나 중한지를 이해할 수 있습니다. 그런 다음에야 이 병을 고칠 이를 만날 수 있습니다.

예수님께서 이 당돌한 여인을 보고자 돌아보셨습니다. 그제야 여인이 예수님 발 앞에 엎드리며 모든 자초지종을 설명하였습니다.

> 예수께서 이 일 행한 여자를 보려고 둘러보시니 여자가 자기에게 이루어진 일을 알고 두려워하여 떨며 와서 그 앞에 엎드려 모든 사실을 여쭈니 _ 막 5:32-33

여인이 예수님 앞에 엎드린 이유는 두 가지입니다. 하나는 그녀의 병이 치유되었기 때문이고, 또 하나는 아무도 알지 못하게 은밀하게 손을 대었는데도 예수님께서 이를 아셨기 때문입니다.

여인은 자신이 사람들 앞에 나설 수 없는 질병을 앓고 있으므로 더더욱 예수님의 지적이 두려웠을 것입니다. 그런데 예수님은 전혀 예측하지 못한 대답을 하십니다.

> 예수께서 이르시되 딸아 네 믿음이 너를 구원하였으니 평안히 가라 네 병에서 놓여 건강할지어다 _ 막 5:34

여인은 지금 무리 가운데 있습니다. 자신이 부정한 병을 앓고 있다는 사실을 사람들이 알면 어떤 일이 벌어질지 두렵고 무서웠습니다. 그런데 예수님은 완전한 치유를 선포하십니다. 이로써 여인의 두려움과 부담을 완전히 해소해 주셨습니다.

예수님은 왜 굳이 여인을 불러 사람들 앞에 서게 한 것일까요? 더구나 회당장 야이로의 딸의 목숨이 경각에 달려 있는 상황입니다. 서둘러 가지 않으면 안 되는 상황입니다.

하나님은 우리가 하나님 앞에 전심으로 부르짖을 때 그의 눈을 부르짖는 자에게 고정시키십니다. 아무리 수많은 무리가 에워싸도, 아무리 바쁘고 시간이 없어도 하나님은 그의 시선을 절규하는 자에게 고정시키십니다. 아니 절규하는 자에게만 고정시키시는 것 같습니다.

> (…) 딸아 네 믿음이 너를 구원하였으니 평안히 가라 네 병에서 놓여 건강할지어다 _ 막 5:34

예수님이 여인을 '딸아'라고 부르십니다. 여인의 나이는 예수님과 비슷하거나 더 많았을 것입니다. 예수님이 여인에게 '딸아'라고 호명한 것은 나이와 상관없이 여인이 하나님의 자녀라는 사실을 알려 주기 위해서입니다. 바로 복음입니다.

그런 다음 예수님은 여인을 위로하셨습니다. "평안히 가라"(Peace be with you, shalom). 예수님은 단순히 여인의 육신을 치료하는 것으로 만족하시지 않았습니다. 지난 12년간 육신의 질병으로 인해 응어리가 된 마음의 고통까지 치료하기를 원하셨습니다. 그래서 무엇보다 많은 사람들 앞에서 이 여인의 병이 나았음을 공개적으로 선포하신 것입니다. 한편으로 예수님의 이 선포는 예수님이 우리의 진정한 대제사장이심을 분명히 한 것입니다. 당시 부정한 병이라 알려진 병에서 치료되면 제사장을 찾아가 확인을 받은 뒤에 집에 복귀할 수 있었기 때문입니다.

구원의 비밀

그런데 예수님께서 하신 말씀을 잘 살펴보면 이상한 점이 있습니다. 치료는 예수님이 하셨는데, "네 믿음이 너를 구원하였다"고 하신 것입니다.

여인은 예수님을 만나기에 적합한 사람이 아니었습니다. 부정한 몸으로 다른 사람을 만지는 것은 법으로 금지되어 있었기 때문입니다. 율법대로 하자면 여인의 행동은 처벌받아도 할 말이 없는 상황이었습니다. 더군다나 예수님은 지금 서둘러 회당장 야이로의 딸을 고치러 가시는 중이었습니다. 자신의 행동으로 인해 예수님의 행보가 방해를 받았습니다.

그럼에도 여인은 모든 핑계와 의심을 넘어 예수님의 옷자락을 스치기만 해도 병이 나을 것이라는 믿음을 의심하지 않았습니다. 그리고 행동으로 옮겼습니다.

이것이 구원의 비밀입니다. 하나님의 치료의 손길과 그것을 신뢰하는 우리의 믿음이 만날 때 구원이 일어납니다. 그리고 그 은혜와 믿음은 어떤 역경도 이겨 낼 수 있는 능력을 창출합니다. 뿐만 아니라 우리의 삶을 새롭게 합니다.

우리는 절망의 상태에 있을 때 하나님을 부르짖으며 간절히 찾습니다. 이때 하나님은 네 믿음이 너를 구원했다고 칭찬하십니다. 그러면 우리는 "아니요. 하나님이 하셨습니다"라고 영광을 하나님께 돌립니다. 이것이 하나님과 우리 인간의 가장 아름답고 이상적인 관계입니다. 예배는 바로 이런 이상적인 관계에서 이뤄져야 합니다.

혈루병을 앓은 여인에게서 우리는 다음과 같은 교훈을 얻을 수 있습니다.

첫째, 예배는 주님의 옷자락을 만지는 것이다.
둘째, 절망적인 상황에서부터 시작하라.
셋째, 절망적인 상황은 간절함을 만들어 낸다.

우리는 살면서 도무지 해결이 불가능할 것 같은 상황을 직면하곤 합니다. 그런데 이때가 참된 예배를 드릴 수 있는 때입니다. 참된 예배는 가장 절망스러운 순간에서 시작될 수 있습니다. 인생의 바닥을 만난 사람은 예배의 대상을 찾습니다.

고난은 간절함을 만들어 냅니다. 간절함은 사모함입니다. 얼마나 간절히 사모하는 마음으로 예배를 드리고 있습니까? 얼마나 간절한 마음으로 성전에 들어갑니까? 하나님을 사랑하지만, 오히려 예루살렘 성전에 들어가기에 부적합하다고 판정을 받은 사람들이 성전에 들어가기를 더욱 간절히 사모했습니다.

만일 이 사모함이 없다면 매너리즘에 빠져 있는 것입니다. 하나님께서 지성소의 문을 열어 두셨다고 쉽게 들어가고 습관에 따라 들어가고 있는 것입니다.

때로 고난이 없을 때 사람들은 하나님을 사모하는 간절함이 사라지는 것을 봅니다. 지금처럼 예배당 안에 들어와 함께 예배드리지 못하는 상황이 우리를 얼마나 간절하게 만드는지 모릅니다. 기독교 역사에서 핍박은 어느 때보다도 예배를 살아 있게 했습니다.

간절함의 대상이 누구입니까

열두 해 혈루증을 앓은 여인의 간절함의 대상은 예수님이었습니다. 그도 예수님을 알기 전에는 수많은 의원을 찾아다니며 구원받기를 바랐습니다. 그러나 깊은 절망의 나락에서 천지를 창조하시고 인간을 만드신 분은 하나님 한 분뿐임을 알게 되었고, 마침내 그분을 찾아 나섰습니다.

사모함의 대상이 분명하지 않으면 절망적인 상황도 소용없고, 고난을 통한 간절함도 소용없습니다. 코로나 바이러스라는 이 무시무시한 상황을 만났지만 모든 사람이 절망 가운데 성숙해지고, 인생의 주인이신 하나님을 발견하는 것은 아닙니다.

오래전에 어느 청년 부흥회에서 열과 성을 다해 설교를 한 적이 있습니다.

> 수고하고 무거운 짐진 자들아 다 내게로 오라 내가 너희를 쉬게 하리라 _마 11:28

그런데 한 청년이 말씀을 듣고 기도하던 중에 예수님의 이 말씀이 생각나서 무겁던 마음이 무너지고 가벼워졌다고 말했습니다.

그렇습니다. 우리의 구원은 하나님께 있습니다. 그분의 말씀에 있습니다. 인생의 모든 상처와 아픔과 짐들을 예수님께 내려놓으십시오. 어떤 종교의 교주나 사람이 아니라, 나의 모든 죄를 짊어지고 십자가에서 돌아가셨다 부활하신 그 하나님의 아들이 우리의 모든 상처를 치료하실 것입니다.

본문에는 많은 사람들이 나옵니다. 모두 예수님을 만나러 온 사람들입니다. 하지만 그들 대부분은 구경꾼에 불과했습니다. 오직 한 사람, 예수님과 진정한 접촉을 한 그 여인만이 예수님을 만날 수 있었습니다.

4세기 나지안조스의 그레고리우스(Gregorius Nazianzenus)는 이렇게 말했습니다.

"그분과 접촉하지 않은 사람은 치유되지 않는다. 그분의 신성에 연합한 사람이어야 구원을 받는다."

> 온 무리가 예수를 만지려고 힘쓰니 이는 능력이 예수께로부터 나와서 모든 사람을 낫게 함이러라 _ 눅 6:19

열두 해 혈루병을 앓은 여인도, 회당장 야이로도 이 간절함을 가지고 예수님께 나아왔습니다. 예배는 주님의 옷자락이라도 만지겠다는 심정으로 나아가는 것입니다. 지성소에 들어갈 수 있는 특권을 어떻게 갖게 되었는가를 깊이 묵상하고 감사하며 예수님의 옷자락이라도 만지겠다는 심정으로 나아가는 것입니다.

예수님은 결코 간절하게 부르짖는 우리의 간구를 외면하시지 않습니다. 가장 절망적인 상황 가운데서도 주님을 붙들겠다는 절박한 마음을 주님은 수많은 군중 가운데서도 들으시고 응답하십니다.

아무도 여인에게 관심을 보이지 않았지만 오직 주님은 여인을 알아보고 그 병을 치유하셨으며 회복시키셨습니다. 예배에는 그런 능력이 있습니다.

예배를 위한 기도

Prayer

절박한 상황이 간절함을 만들고 이 간절함이 주님의 옷자락만 만져도 구원을 얻겠다는 믿음을 갖게 하였음을 본문을 통해 배웠습니다. 예수님은 야이로의 딸이 생사를 오가고 있다는 절박한 상황을 알면서도 간절한 마음으로 옷자락을 붙드는 여인을 외면하지 않으셨습니다. 절박할 때 우리가 붙드는 이가 하나님이기를 바랍니다. 간절한 마음으로 주께 나아가기를 원합니다. 코로나 바이러스로 인해 전 세계가 절박한 위기 가운데 있습니다. 이때 우리가 붙드는 것이 하나님이기를 간절히 바랍니다. 그리하여 세계 곳곳에 세워진 교회가 세상의 빛과 소금으로서 그 역할을 감당하는 부흥의 역사가 일어나기를 간절히 바랍니다. 예수님의 이름으로 감사하며 기도드렸습니다. 아멘.

2부

하나님이 원하시는 예배

5장

보혈을 통해 예배하라

히 9:11-14, 10:19-22

인생의 임계점을 인정하십시오

호아킴 데 포사다가 쓴 《99℃》라는 책에 이런 이야기가 나옵니다.

"물은 99℃에서 절대 끓지 않습니다. 정확히 100℃가 되어야 끓습니다. 물을 수증기로 바꿔 놓는 것은 바로 그 결정적인 1℃의 차이입니다. 세상의 물질에는 이처럼 임계점(critical point, tipping point)이라는 것이 있습니다. 하나의 상태가 다른 상태로 변하기 위해서는 반드시 임계점을 넘어야 하는 것입니다."

수소 폭탄을 만들기 위해 수소를 핵반응시키려면 7개의 원소봉이 필요하다고 합니다. 그런데 6개의 원소봉을 집어넣을 때까지는 원자로 안에서 아무런 변화가 일어나지 않습니다. 그러다가 일곱 번째 원소봉이 들어가서야 비로소 핵반응이 일어나면서 어마어마한 에너지가 분출되기 시작합니다. 이처럼 핵

분열 연쇄반응을 유지할 수 있는 최소 질량을 가리켜 '임계질량'이라고 합니다.

노력한 만큼 결과가 나오는 것이 아니라, 노력이 임계점까지 도달해야만 결과가 나옵니다. 그런데 인생에서 아무리 노력해도 이 임계점에 도달하지 못하는 것이 있습니다. 바로 '영원한 삶을 얻는 것'입니다.

진시황의 '불로장생'과 같은 노력과 관심은 인류 최대의 고민이었고 풀리지 않는 숙제였습니다. 철학을 통해, 과학을 통해, 의학을 통해, 공학을 통해, 물질을 통해, 권력을 통해, 인력을 통해, 공산주의를 통해, 민주주의를 통해… 그 임계점에 이르려고 노력했고 지금도 여전히 노력하고 있습니다.

개인의 인생도 그렇습니다. 임계점에 이르러 절대 흔들리지 않는 삶을 살기 위해 애를 쓰지요. 하지만 이때가 그때인가 싶을 때 인생은 언제나 배반을 합니다.

물질적으로 안정되니까 건강이 무너지고, 건강이 안정되니까 자녀가 속을 썩이고, 자녀가 잘되니까 남편과 아내 사이에 문제가 생기는 식이지요. 부부관계가 좋아지니까 부부 중 한 사람이 세상을 떠나 버립니다. 물질도 건강도 가족도 부부관계도 어느 것 하나 부족할 것 없이 만족스럽더라도 '죽음'을 넘어서지는 못합니다.

그래서 성경은 인생은 안개와 같고, 화살과 같이 빠르며 이 땅에 나그네로 온 것이라고 가르치고 있습니다. 어떤 인생이든 한시적이라는 겁니다. 인류 역사상 영생이라는 임계점을 넘어

선 사람은 아무도 없습니다.

그런데 왜 그렇습니까? 인간은 왜 죽음이라는 한계를 벗어날 수 없는 겁니까?

> 모든 사람이 죄를 범하였으매 하나님의 영광에 이르지 못하더니 _롬 3:23

로마서는 한편으로 "죄의 삯(결과)은 사망"(롬 6:23)이라고 말하고 있습니다. 모든 것에는 원인과 결과가 있듯이 우리의 죽음은 원인이 죄입니다. 그 결과가 죽음인 것입니다.

저는 많은 사람들의 임종을 지켜보았습니다. 혈압이 내려가고, 심장박동이 줄어들고, 산소가 공급되지 않고, 그러다 결국 피의 순환이 이루어지지 않아 숨을 거두게 되지요. 그 순간 온몸이 얼음처럼 차가워지면서 굳어 버립니다. 몸에 산소를 공급해 주고 생명을 주는 피가 더 이상 살아 있지 않은 것입니다. 그래서 죽은 사람은 더 이상 피를 흘리지 않습니다.

> 육체의 생명은 피에 있음이니라 _레 17:11

성막 제사의 영적 의미

이집트에서 종살이를 하던 히브리 민족이 모세의 인도를 받아 이집트를 탈출하게 되었습니다. 그 과정에서 하나님은 이집트의 모든 장자를 치는 벌을 내리십니다. 다만 하나님이 일러주신 대로 어린 양의 피를 문설주에 바른 집의 장자는 살려 주셨습니다. 이것이 바로 유월절입니다. 'Passover' '지나갔다'는 뜻입니다.

유월절 사건은 죽음을 앞에 둔 생명을 살리는 것은 피를 통해서 할 수 있음을 상징적으로 보여 준 역사적 사건입니다. 이스라엘 백성은 이후 자신의 죄를 용서받기 위해 동물로 희생제사를 드렸습니다. 염소든, 양이든, 송아지든, 비둘기든, 동물의 피를 내서 그 몸을 태우고, 제단에 피를 뿌려 사람의 죄를 정결케 하는 의식을 하나님 앞에 드렸습니다.

이스라엘 민족뿐 아니라 많은 민족과 부족이 이 같은 피의 제사를 드렸습니다. 그 대상이 신이든 자연이든 지리적으로 멀리 떨어져 있음에도 거의 모든 민족이 제사를 드렸습니다. 왜 그럴까요? 그 1℃의 차이, 즉 임계점을 자기 힘으로는 넘을 수 없다는 사실을 알았기 때문입니다.

1996년 1월 14일, 저는 그날의 뉴스를 잊지 못합니다. 그날은 한국에서 최고의 석학들이 만들어 낸 인공위성 무궁화 2호가 쏘아 올려진 날입니다. 그런데 그날 발사장인 미국 플로리

다의 케이프커내버럴 공군기지에 갑자기 통돼지 바비큐가 등장했다고 합니다. 20여 명의 한국 과학자들과 직원들이 모여 로켓발사대 앞에 통돼지 바비큐를 놓고 발사 성공을 기원하는 고사를 지낸 것입니다. 세계 22번째 인공위성 보유국이라는 명예를 안겨 준 무궁화 1호가 발사된 순간 보조로켓 하나가 분리되지 않아 낭패를 본 경험 때문이었을 것입니다.

인간이 그런 존재입니다. 최첨단 기술과 장비를 가지고 100층짜리 건물을 짓고도 실패가 두렵다고 미신에 의존합니다.

의식적이든 무의식적이든 인간은 이렇듯 스스로 구원(임계점)에 이를 수 없기 때문에 전능자를 찾으려고 애를 씁니다.

하나님은 그런 인간이 하나님께 나아올 수 있는 하나의 방법을 제시하셨습니다. 이스라엘 백성이 이집트에서 탈출해 광야 생활을 할 때, 하나님은 그들에게 '성막'을 짓게 하시고 백성들을 대표해 제사장(브릿지 역할)을 세운 뒤, 거기서 동물의 제사를 드리게 하셨습니다. 이것이 구약의 제사입니다.

성막과 제사법에 대한 내용은 성경에서 무려 50장이나 기록되어 있습니다. 출애굽기에 13장, 레위기에 18장, 민수기에 13장, 신명기에 2장, 히브리서에 4장이 기록되어 있습니다. 그만큼 구약의 제사는 보통 사람이 따라 하기엔 너무 복잡하고 정교해서 제사장들과 레위인들을 따로 세워 섬기도록 했습니다.

성막은 공사 기간만 10개월이 걸렸습니다. 출애굽 2년째 되는 유대력 1월 1일에 완공되었습니다. 성막이 봉헌되던 날 하나님의 구름기둥이 떠올랐고 그날 밤 불기둥이 이스라엘 진영을 덮었습니다(민 9:15). 그리고 50일이 지난 2월 20일 성막을 덮었던 구름이 떠올랐습니다. 하나님이 성막을 받으시며 나타나신 것입니다.

이스라엘 백성이 광야에서 이동할 때면 레위 지파가 성막을 책임졌습니다. 뜨거운 광야에서 성막을 책임지고 이동한다는 것은 엄청난 수고가 따르는 일입니다. 그런데 레위 지파는 무려 40년이나 광야 생활을 하면서 성막을 책임졌고, 이스라엘 백성은 성막에서 예배를 드렸습니다.

우리는 '비가 오네, 주차가 힘드네, 예배가 기네, 덥네, 춥네, 어둡네, 밝네' 하며 예배를 제대로 드리지 못하는 변명을 늘어놓곤 합니다. 하지만 코로나 바이러스로 인해 모여서 예배드리는 것조차 힘들어졌습니다. 당연한 것들이 더 이상 당연하지 않게 되었습니다. 그러니까 예배를 더 사모하게 되고 더 모이고 싶어집니다. 전에는 큰 문제였던 것이 이제는 너무나 사소하게 여겨집니다.

엄청난 공사 기간과 까다로운 제사법이 따르는 예배였지만, 그런 만큼 레위인과 제사장들은 거룩함을 유지해야 했습니다. 하나님은 구약의 50여 장에 걸쳐 성막과 제사법을 설명하시면서 그 하나하나에 영적 의미를 부여하셨습니다.

성막은 사실 외형만 보면 흠모할 것이 없습니다. 그러나 성막 안의 성소와 지성소에 들어가면 사방이 금으로 둘러 있습니다. 어떤 학자가 성막 안의 금을 환산해 보았는데 현재 시가로 최소 25억 원이 넘는다고 합니다.

엄청나게 세심한 공사와 기간을 거쳐 가장 귀한 것들로 만들어진 성막, 그리고 그 안에서 복잡하게 진행되는 동물의 제사가 현대를 살아가는 우리에게 의미하는 바는 무엇일까요?

성막은 말 그대로 하나님이 인간을 만나 주시는 장소입니다. 그리고 성막의 제사와 기구들은 하나님의 아들 예수 그리스도를 보여 주는 그림자입니다. 그래서 구약의 제사를 보면 예수 그리스도의 십자가 사건이 발견됩니다. 왜냐하면 이 성막의 제사는 피의 제사이기 때문입니다. 동물에게 죄를 전가해 동물을 죽여 제사를 드린 것입니다.

> 육체의 생명은 피에 있음이라 내가 이 피를 너희에게 주어 제단에 뿌려 너희의 생명을 위하여 속죄하게 하였나니 생명이 피에 있으므로 피가 죄를 속하느니라 _ 레 17:11

하나님이 받으시는 예배는 보혈의 예배입니다

"빨래를 짜 보아라. 물이 나올 것이다. 성경을 짜 보아라. 피가 나올 것이다. 구약을 짜 보아라. 짐승 피가 나올 것이다. 신약을 짜 보아라. 예수님 피가 나올 것이다. 성경에서 피를 보지 못하면 영적 장님이다."

마르틴 루터가 한 말입니다. 성막은 그 자체로 예수 그리스도의 십자가를 상징합니다. 왜 그렇습니까?

> 율법을 따라 거의 모든 물건이 피로써 정결하게 되나니 피 흘림이 없은즉 사함이 없느니라 _ 히 9:22

피는 죽음을 뜻합니다. 구약에서 그토록 세심하고 엄청난 규모의 동물 피의 제사는 우리의 죄가 그만큼 심각하고 더럽다는 것을 의미합니다.

동시에 피는 생명을 뜻합니다. 이스라엘 백성은 동물에게 죄를 전가시켜 그의 피를 흘림으로써 속죄함을 받았습니다. 이 속죄는 우리의 죄를 '덮고', 우리와 하나님과의 깨어진 관계를 '고친다'는 뜻이 함의되어 있습니다. 다시 말해 하나님과 우리의 관계를 회복시킨다, 나의 허물을 덮는다라는 뜻입니다.

피는 죽음을 뜻하기 때문에, 나의 죄 때문에 그렇게 죽어야 한다는 뜻이고, 또 피는 생명을 뜻하기 때문에 나는 그 동물의 피의 제사 때문에 다시 살았다는 것입니다.

그런데 아버지 하나님께서는 그 모든 것을 단번에 이루시는 엄청난 속죄의식을 준비하셨습니다. 바로 그의 아들 예수님을 이 땅에 보내어 십자가에 못 박혀 피 흘리며 돌아가게 하심으로 나의 죄를 대속하게 하신 것입니다. 이제 동물의 피가 아니라, 하나님의 아들의 피로 죄를 대신하게 된 것입니다.

그리스도께서는 장래 좋은 일의 대제사장으로 오사 손으로 짓지 아니한 것 곧 이 창조에 속하지 아니한 더 크고 온전한 장막으로 말미암아 (구약의 장막 제사가 아닌) 염소와 송아지의 피로 하지 아니하고 (동물의 제사가 아닌) 오직 자기의 피로 영원한 속죄를 이루사 단번에 성소에 들어가셨느니라 염소와 황소의 피와 및 암송아지의 재를 부정한 자에게 뿌려 그 육체를 정결하게 하여 거룩하게 하거든 (구약의 동물의 제사도 죄를 사하도록 해주셨다) 하물며 영원하신 성령으로 말미암아 흠 없는 자기를 하나님께 드린 그리스도의 피가 어찌 너희 양심을 죽은 행실에서 깨끗하게 하고 살아 계신 하나님을 섬기게 하지 못하겠느냐 _ 히 9:11-14

하나님은 거룩하셔서 죄를 그냥 받아들이실 수 없는 분입니다. 그러나 한편으로 극악무도한 죄인도 품을 만큼 사랑이 넘치시는 분입니다. 구약의 그 까다롭고 복잡한 제사는 우리로 하여금 하나님께 나아갈 길을 마련하신 하나님의 특별한 사랑의 발로입니다. 그리고 구약의 모든 성막과 동물 제사는 장차 이 땅에 오실 하나님의 아들 예수님을 예비하는 것이었습니다.

그런데 예수님이 십자가에서 돌아가시던 그 시간에, 예루살렘 성전에서 놀라운 일이 벌어졌습니다. 바로 성소와 지성소를 구분 짓는 역할을 하던 휘장이 찢어진 것입니다. 이 휘장은 대제사장도 1년에 딱 하루 들어갈 수 있는 거룩한 장소인 지성소를 성전과 구별하는 것이었습니다. 이 휘장은 24개의 실로 꼬아 만든 줄 72개를 모아 섞어 만들었습니다. 때문에 그 두께가 무려 9.34cm, 길이가 22.4m, 넓이는 11.2m나 되었습니다. 휘장은 1년에 한 번 깨끗한 물에 담가서 정결케 하는데 이것을 하기 위해 동원되는 제사장이 무려 300명이었습니다.

예수님이 속죄 제물로 십자가에서 돌아가시는 순간 그 휘장이 위에서 아래로 길게 찢어진 것입니다.

성소(거룩한 곳)와 지성소(지극히 거룩한 곳)를 구분하는 휘장이 찢어졌다는 것은 무엇을 의미할까요?

> 그러므로 형제들아 우리가 예수의 피를 힘입어 성소에 들어갈 담력을 얻었나니 그 길은 우리를 위하여 휘장 가운데로 열어 놓으신 새로운 살 길이요 휘장은 곧 그의 육체니라 또 하나님의 집 다스리는 큰 제사장이 계시매 우리가 마음에 뿌림을 받아 악한 양심으로부터 벗어나고 몸은 맑은 물로 씻음을 받았으니 참 마음과 온전한 믿음으로 하나님께 나아가자 _ 히 10:19-22

성소와 지성소를 구분하는 휘장이 찢어지듯 예수 그리스도가 화목제물로서 십자가에서 죽으심으로 죄인된 우리가 하나님께 나아갈 수 있는 길이 활짝 열린 것입니다. 죄인된 우리가 도저히 이룰 수 없는 그 '거룩과 영생이라는 임계점'에 이르도록 예수님은 스스로 몸을 태워 피를 흘리시며 희생양이 되어 주셨습니다.

이 얼마나 역설적인 은혜입니까?

이제 우리는 예배를 드리면서 구약의 엄청나게 까다로운 동물 제사를 드리지 않습니다. 그 대신 예수님의 보혈을 의지하여 하나님께 나아가는 예배에 들어갑니다.

예수님의 사람은 예수님을 의지하는 보혈의 예배를 드립니다. 아무리 화려하고 멋진 예배를 준비해도 예수님을 의지하는 보혈의 예배가 아니라면 아무 소용이 없습니다. 마음이 빠진 예배, 방자하게 구는 예배를 하나님은 받으시지 않습니다. 하나님이 제시해 주신 보혈의 예배가 아니라면 하나님은 그 예배를 받으실 수 없습니다.

최근 모여서 예배드릴 수 없게 되면서 각 가정에서 예배드린 사진을 보내 주시는 분이 있습니다. 어떤 분은 재킷을 제대로 갖춰 입고 가정 예배를 드리는 모습을 보내 주셨습니다. 너무나 감동적이었습니다. 저의 마음이 감동되었듯이 하나님도 감동하셨을 것입니다.

휘장을 찢으면서까지 길을 여신 하나님을 안다면 집에서 예배드린다고 트레이닝복 차림에 씻지도 않은 얼굴로 예배드리지 못합니다. 은혜를 남용하는 예배자가 되어선 안 되겠지요. 물론 하나님은 우리가 차려입은 옷을 보시지 않습니다. 우리의 허다한 죄를 덮어 주신 예수님의 보혈을 보고 'Passover'해 주십니다. 우리가 의지한 것이 예수님의 보혈이어야 예배에 들어갈 수 있는 것입니다.

그러므로 우리는 예배자로서 자문해 봐야 합니다. 과연 내가 드리는 예배가 십자가 보혈을 통한 예배인가? 과연 내가 드리는 기도가 십자가 보혈을 통한 기도인가? 과연 나의 섬김이,

나의 헌신이, 나의 삶이 그리스도의 보혈을 통한 것인가?

예수 그리스도의 복음은 십자가의 복음이요, 피의 복음이며, 생명의 복음입니다. 예수님은 우리를 살리기 위해 자신의 생명인 피를 뿌려서 우리의 죄를 사하셨습니다. 죄의 권세로부터 우리를 자유케 하셨습니다. 이것이 예수님의 보혈을 의지할 때 우리가 드리는 예배에 생명과 자유와 능력이 임하는 이유입니다.

> 그가 찔림은 우리의 허물 때문이요 그가 상함은 우리의 죄악 때문이라 그가 징계를 받으므로 우리는 평화를 누리고 그가 채찍에 맞으므로 우리는 나음을 받았도다 _ 사 53:5

예수님께서 나를 위해 죽으심으로 내가 살아났습니다. 예수님께서 나의 죄를 씻으심으로 내가 의롭게 되었습니다. 예수님께서 나 대신 징계를 받으심으로 내가 평화를 누리게 되었습니다. 예수님께서 십자가에 돌아가심으로 내가 거룩하신 하나님 앞에 담대히 예배드릴 수 있게 되었습니다. 예수 그리스도의 보혈에는 이런 능력이 있습니다.

- 죄를 사하는 능력(엡 1:7)
- 우리를 의롭게 하는 능력(롬 5:9)
- 거룩하게 하는 능력(히 13:12)
- 하나님과 화목하게 하는 능력(엡 2:13)

• 죽은 행실로부터 정결케 되어 하나님을 섬기게 하는 능력 (요일 1: 17)

• 사탄의 권세를 이기게 하는 능력(계 12:11)

얼마 전 지구촌교회의 목회자와 사회복지재단 직원 120여 명이 자발적으로 헌혈에 참여했습니다. 코로나 사태로 인해 사람들이 병원에 가려 하지도 않고 헌혈하지도 않기 때문에 병원마다 피가 너무 부족하다는 이야기를 듣고 나선 일이었습니다.

헌혈은 하고 싶다고 다 할 수 있는 것이 아닙니다. 가장 먼저 헌혈을 하겠다는 마음이 있어야 하지만, 건강이 뒷받침되어야 합니다. 우리 교회 직원들은 헌혈을 결심하면서 사실 두려움도 있었습니다. 해병대 장정들이 헌혈에 동참했다가 간호사가 확진자로 밝혀지면서 한바탕 소동이 일어나기도 했기 때문입니다.

다행히 우리에겐 3천 명의 중보기도 용사들이 있었습니다. 그들은 우리를 위해 하루 종일 기도해 주었습니다. 또한 남을 돕다가 코로나에 걸린다면 그 또한 보람이 되겠다 하는 마음도 있었습니다.

한 설문 조사에 의하면 헌혈을 하는 사람들은 자신의 생명을 나누어 주고 있다는 사실로 인해 마음에 기쁨을 누린다고 합니다. 영어 단어 'bless'(축복)는 고대 영어인 'blod'에서 온 것인데 이는 지금의 'blood'를 의미한다고 합니다.

그래서였을까요. 헌혈을 하다가 한순간 마음이 울컥했습니다. 저는 생명에 전혀 지장이 없는 헌혈 좀 한다고 저를 위해 기도해 주는 사람들도 있는데, 예수님은 모두가 외면하는 상황에서 자기를 모두 비워 십자가에서 죽으셨구나 하는 생각이 들어서입니다.

예수님께서 자신의 피를 흘리심으로 우리의 죄를 다 덮으셨습니다. 그 피의 대가로 우리가 지금 축복을 누리고 있습니다.

우리 인생에서 가장 큰 축복은 그 어떤 것으로도 얻을 수 없는 구원과 영생을 예수님의 보혈을 통해 얻은 것입니다. 그리고 감히 거룩하신 하나님 앞에 나아갈 수 없는 우리가 그의 아들 예수님의 보혈을 통해 예배의 자리에 나아갈 수 있게 된 것입니다. 그러므로 우리의 고백은 이것입니다.

- 나는 오늘 예수님의 보혈이 나의 모든 죄를 깨끗게 하심을 믿습니다.
- 나는 오늘 예수님의 보혈을 의지하여 나의 죄를 회개합니다.
- 나는 오늘 예수님의 보혈이 나를 거룩하게 하심을 믿습니다.
- 나는 오늘 예수님의 보혈이 나를 보호하고 계심을 믿습니다.
- 때문에 나는 오늘 예수님의 보혈을 통하여 예배합니다.

예배를 위한 기도

Prayer

살아 계신 하나님, 그리스도의 보혈의 은혜를 다시 생각하며 주님 앞에 나아갈 수 있는 기회를 주셔서 감사합니다. 사랑의 하나님, 우리와 함께하여 주옵소서. 한반도에 있는 백성들을 불쌍히 여겨 주옵소서. 그리스도의 보혈을 의지하여 5만여 교회와 북한에 있는 그리스도인들이 주님 앞에 나아갈 수 있도록 축복하여 주옵소서.

예수님의 이름으로 감사하며 기도합니다. 아멘.

6장

예배는 코람데오다

창 45:1-8

누군가 우리의 일거수일투족을 지켜본다면?

1. 주는 대로 먹는다.

2. 유튜브 끄라고 하면 당장에 끈다.

3. 사용한 물건은 즉시 제자리에.

4. 한 번 말하면 바로 움직인다.

5. 어머니에게 쓸데없이 말 걸지 않는다.

위의 사항을 어기면 피가 코로나 올 것이다.

(출처 : 인스타그램 @stellar0310)

위의 글은 SNS에서 회자되었던 어느 초등학생이 쓴 '코로나 방학 생활 규칙'입니다. 코로나 사태로 인해 집안에서 생긴 갈등을 잘 보여 주고 있습니다. 아이들이 집에만 있다 보니 부모님의 스트레스가 이만저만한 게 아닌가 봅니다. 아이들도 처음엔 학교 가지 않는 게 좋았겠지만 시간이 지날수록 답답해하고 스트레스를 받는다고 합니다. 코로나 사태는 우리 생활의 많은 부분을 바꾸고 있습니다. 자유로운 생활을 하다가 많은 부분이 속박당한다는 부담감이 가장 큽니다. 특별히 코로나 바이러스에 걸리면 동선이 공개되기 때문에 두려움도 큽니다.

2017년 12월 24일 연합뉴스에 "CCTV '당신이 어제 어디서 뭐 했는지 난 다 알아요'"라는 제목의 기사가 실린 적이 있습니다. 내용인즉 영국 BBC의 중국 특파원 존 서드워스(John Sudworth)가 중국에서 CCTV만으로 사람을 찾는다면 얼마나 걸릴까 하는 실험을 해보았습니다. 그는 자신의 행선지를 알리지 않고 중국 당국에 자신을 찾아보라는 요청을 했습니다. 그런데 중국 공안 당국이 CCTV를 이용해 존을 찾는 데 단 7분밖에 걸리지 않았습니다.

2020년 현재 우리나라 공공분야에 설치된 CCTV는 100만 대가 넘는다고 합니다. 자동차 블랙박스와 개인 사업장에 설치한 것을 합치면 수천만 대의 카메라가 우리를 지켜보고 있는 셈입니다. 때문에 CCTV는 범죄와 사고를 예방하는 데 큰 공을 세우고 있습니다. 그러나 한편으로 개인의 프라이버시를 침해한다는 지적도 받고 있습니다. 누군가 우리의 일거수일투족을 지켜본다면 어떨 것 같은가요?

요셉의
코람데오

신학적인 용어 중에 'the presence of God'(하나님의 임재, 하나님의 현존하심)이라는 말이 있습니다. 말 그대로 지금 이 시간 하나님이 나와 함께하신다는 의미입니다.

예배는 살아 계신 하나님 앞에 서는 것입니다. 살아 계시지 않고 나와 함께하지 않는 하나님이라면 우리의 예배 대상이 될 수 없습니다. 하나님의 살아 계심과 함께하심을 믿지 않는다면 교회에서 예배드린다 해도 그것은 예배가 아닙니다.

라틴어 '코람데오'(Coram Deo)는 하나님(Deo) 앞에서(Coram)란 뜻입니다. 이 말은 중세시대 타락 일로에 있던 기독교를 개혁하고자 한 종교 개혁자들 사이에서 많이 회자되었습니다. 신앙생활이란 살아 계신 하나님께 영광을 돌리고, 그분이 내 삶에 직접 개입하시며, 나 역시 매 순간 그분 앞에 서 있다는 자세로 살아가는 것이란 의미입니다. 저는 이 '코람데오'야말로 예배의 핵심 가운데 하나라고 생각합니다. 예배자는 공예배뿐만 아니라 일상생활에서 하나님께서 나를 지켜보고 계신다는 자세로 살아야 하는 것입니다.

진정한 예배자는 공예배와 삶의 예배가 만나는 지점에서 하나님의 영광이 극대화된다는 것을 경험하는 사람입니다.

요셉이 바로 그런 사람이었습니다. 요셉은 어려서 아버지 야곱의 총애를 한 몸에 받고 자란 탓에 형들의 시기와 질투를 받아야 했습니다. 그 때문에 형들에 의해 이집트로 팔려 가게 되었죠. 아버지의 사랑을 독차지하던 귀한 아들에서 한순간에 타국의 노예로 전락하고 만 것입니다.

하지만 요셉은 그토록 엄청난 고난 속에서도 그와 함께하시는 하나님을 신뢰했습니다. 그는 단 한 순간도 자신이 하나님 앞에 선 예배자로서 사는 자임을 잊지 않았습니다. 하나님을 믿는다는 것은 여러 의미가 있겠지만 가장 먼저 살아 계신 하나님을 믿는 것입니다. 그리고 그 하나님께서 나의 삶을 지켜보고 계신다는 사실을 믿는 것입니다.

우상이 난무한 이방 국가에서 요셉은 믿음을 지켰고 마침내 그는 이방인으로서는 최고의 자리인 총리에 오를 수 있었습니다. 요셉의 코람데오는 어떤 의미가 있는 것일까요?

요셉은 미디안 상인들에게 팔려 이집트 바로의 친위대장인 보디발 장군 집의 노예가 되었습니다. 얼마나 비참한 상황입니까? 그런데 성경은 이 상황을 그렇게 묘사하고 있지 않습니다.

> 여호와께서 요셉과 함께하시므로 그가 형통한 자가 되어 그의 주인 애굽 사람의 집에 있으니 _창 39:2

상황은 최악인데 하나님이 함께하시니 요셉이 형통한 사람이라고 말하고 있습니다. 형통은 히브리어로 '찰라흐'로 '앞으로 나아가다, 발전하다'란 의미입니다. 요셉의 상황은 위기가 분명하지만, 그의 위기가 불행으로 끝나지 않고 앞으로 나아갈 것이란 의미가 됩니다.

> 그의 주인이 여호와께서 그와 함께하심을 보며 또 여호와께서 그의 범사에 형통하게 하심을 보았더라 _ 창 39:3

그 집의 주인인 보디발 장군이 하나님께서 요셉과 함께하시는 것을 알아보았다고 합니다. 하나님이 함께하는 사람은 주변 사람들이 알아봅니다.

> 요셉이 그의 주인에게 은혜를 입어 섬기매 그가 요셉을 가정 총무로 삼고 자기의 소유를 다 그의 손에 위탁하니 _ 창 39:4

보디발 장군은 노예로 팔려 온 요셉을 가정 총무로 삼은 데다 자신의 소유까지 그에게 맡겼다고 합니다. 놀라운 일이 아닐 수 없습니다. 그런데 5절을 보면 더 놀라운 일이 일어납니다.

> 그가 요셉에게 자기의 집과 그의 모든 소유물을 주관하게 한 때부터 여호와께서 요셉을 위하여 그 애굽 사람의 집에 복을 내리시므로 여호와의 복이 그의 집과 밭에 있는 모든 소유에 미친지라
> _ 창 39:5

요셉의 능력이 하나님으로부터 나오는 줄 알아본 보디발에

게 하나님은 요셉을 위해 복을 내리셨다고 합니다. 하나님의 사람으로 말미암아 주변 사람들이 형통의 삶을 살게 된 것입니다.

위기가
나의 정체를 드러냅니다

그런데 형통한 삶을 살던 요셉에게 그의 믿음을 시험하는 사건이 벌어집니다. 바로 보디발 장군의 아내가 요셉의 진실함과 빼어난 외모를 보고 유혹을 한 것입니다. 성경을 보면 보디발 장군의 아내가 요셉을 한 번만 유혹한 것이 아니라 계속해서 끊임없이 포기하지 않고 유혹했음을 알 수 있습니다.

믿음은 위기의 순간에 드러납니다. 위기가 닥쳤을 때 내가 믿는 것이 하나님인지 아닌지가 드러나게 됩니다. 한국 교회의 미래는 세계적인 위기인 코로나 사태를 어떻게 대처하느냐에 달려 있다고 해도 과언이 아닙니다. 신앙은 위기에만 그 진위가 가려집니다. 평상시에는 잘 모릅니다.

요셉은 이 위기 상황에서 어떤 모습을 보였을까요? 한 번도 아니고 끈질기게 계속된 유혹을 요셉도 번번이 거부했습니다. 그러면서 이렇게 선포합니다.

이 집에는 나보다 큰 이가 없으며 주인이 아무것도 내게 금하지 아니하였어도 금한 것은 당신뿐이니 당신은 그의 아내임이라 그런즉 내가 어찌 이 큰 악을 행하여 하나님께 죄를 지으리이까

_창 39:9

주변에 그 두 사람을 지켜보는 눈이 없었으나 요셉은 보디발에 대한 의리를 지켰습니다. 보디발은 요셉을 믿어 줬고 그가 믿는 하나님을 인정한 사람입니다. 또 요셉은 하나님께 죄를 지을 수 없다고 분명하게 말합니다. 보디발의 아내와 간통을 하는 것은 보디발을 배신하는 것인 동시에 하나님께 죄를 짓는 것이라는 겁니다. 요셉이 이처럼 분명하게 자기 입장을 밝힐 수 있었던 것은 그가 하나님을 두려워하는 사람이었기 때문입니다.

하나님을 두려워한다는 것은 하나님의 살아 계심을 철저히 믿지 않으면 불가능합니다. 요셉은 자신의 능력이 하나님께로부터 오는 것임을 고난 가운데서 깨달았습니다. 아버지의 편애를 받고 자라는 동안은 요셉도 자기가 최고인 줄 알았을 것입니다. 하지만 고난을 당한 뒤 인생은 하나님 없이는 아무것도 아님을 깨달았을 것입니다.

신앙은 위기의 순간에 내가 믿는 하나님이 살아 계심을 더욱더 확고히 하는 용기입니다. 그 용기가 없다면 모든 것이 무너집니다. 예배를 드려도 예배가 아닙니다. 코로나라는 위기 상황에서 현장에서 함께 예배를 드리든 각 가정에서 예배를 드

리든 우리의 예배가 살아 계신 하나님께 드리는 것이어야 합니다. 이 위기 상황에서 우리의 믿음이 드러나야 합니다.

목사인 제가 교인들의 집을 방문하겠다고 하면 교인들은 어떻게 할까요? 집을 정돈하고, 옷을 갈아입고 하면서 손님 맞을 준비를 할 것입니다. 목사인 제게도 그럴진대 하나님 앞이라면 어떻게 해야겠습니까? 가정예배 드릴 때 여러분의 자세는, 마음가짐은 어떻습니까? 옷차림은 어떻습니까?

큰 그림은 하나님이 그리십니다

계속해서 잠자리를 거부하는 요셉에게 화가 난 보디발의 아내는 요셉이 도리어 자신을 겁탈하려고 했다고 누명을 씌웁니다. 그 일로 요셉은 보디발의 집에 있는 옥에 갇히게 됩니다. 아마 매도 많이 맞았을 것입니다. 은혜를 베푼 주인의 아내를 겁탈하려 했다는 오해를 받았으니 죽지 않을 만큼 고문도 당했을 것입니다.

때로 우리는 믿음으로 용기를 낸 어떤 일로 인해 고난을 받기도 합니다. 위대한 선택일수록 그 대가는 큽니다. 예수님의 십자가 사건이 대표적인 예입니다. 하지만 분명한 것은 믿음의 대가를 치른 사람에게는 십자가 뒤에 부활이 반드시 있다는 것입니다.

보디발이 요셉을 가둔 감옥은 바로의 죄수들이 갇혀 있는 곳입니다. 지금으로 말하면 정치범 수용소인 셈입니다. 보디발 장군이 바로의 경호실장이었기 때문입니다.

요셉은 이곳에서 애굽의 정치와 사회를 배우게 됩니다. 그리고 하나님은 거기서도 똑같은 영적인 원리로 요셉을 형통하게 하시므로 요셉은 사람들의 신뢰를 한 몸에 받은 데다, 간수 대장의 총무로 일하게 됩니다.

요셉은 감옥에서 당시 고위층에 속하는 술 맡은 관원장과 떡 굽는 관원장의 꿈을 해석해 줍니다. 그러면서 술 맡은 관원장에게 복직하게 되면 자신을 기억해 달라고 말합니다. 하지만 그는 요셉을 잊어버렸고, 요셉은 그로부터 2년간 더 감옥에서 지내게 됩니다.

그런데 이 또한 하나님의 계획 안에 있는 것이었습니다. 요셉은 당장에 감옥에서 나가고 싶었지만 하나님은 요셉이 감옥에서 더 많이 배워야 한다고 보셨습니다. 하나님이 정하신 때는 따로 있었습니다. 우리 인생의 큰 그림은 하나님이 그리십니다. 우리는 하나님이 그리시는 큰 그림을 알 수 없습니다.

2년이 지난 어느 날 바로가 꿈을 꾸었는데 그 꿈을 해석하는 사람이 아무도 없었습니다. 그제야 술 맡은 관원장이 요셉을 떠올리게 됩니다. 그의 소개로 바로 앞에 나간 요셉은 바로의 꿈을 해석해 준 데다 그 대책까지 알려 주면서 일약 바로의 큰 신임과 사랑을 받게 됩니다. 바로의 꿈은 앞으로 7년의 풍년과 7년의 흉년이 있을 것이라는 미래에 관한 꿈이었습니다.

요셉의 지혜에 감탄한 바로는 마침내 요셉을 애굽의 총리로 임명하고 앞으로 닥칠 풍년과 흉년을 대비할 것을 명령합니다. 애굽에 노예로 팔려 온 지 13년 만에 요셉은 애굽의 총리가 된 것입니다.

그런데 우리는 요셉이 바로의 꿈을 해석하는 과정에서 보여 준 겸손과 믿음에 주목해야 합니다.

> 바로가 요셉에게 이르되 내가 한 꿈을 꾸었으나 그것을 해석하는 자가 없더니 들은즉 너는 꿈을 들으면 능히 푼다 하더라 요셉이 바로에게 대답하여 이르되 내가 아니라 하나님께서 바로에게 편안한 대답을 하시리이다 _창 41:15-16

> 내가 바로에게 이르기를 하나님이 그가 하실 일을 바로에게 보이신다 함이 이것이라 _창 41:28

그렇습니다. 요셉은 꿈을 해석하는 능력이 자신에게 있는 것이 아니라 하나님께 있다고 분명히 말하고 있습니다.

정말 요셉은 13년간의 고난을 통하여 하나님만이 자신의 삶을 다스리고 계심을 철저하게 훈련받았습니다. 요셉은 국무총리로서 애굽을 다스리며, 7년의 풍년을 통해 저축하고, 7년의 흉년을 대비하는 놀라운 지혜를 발휘했습니다.

그런데 하나님의 계획은 여기서 끝나지 않았습니다.

흉년은 애굽을 비롯해 중동 지역의 모든 국가와 부족들에게도 찾아온 대재앙이었습니다. 사람들이 지난 7년간의 풍년으로 식량을 비축해 둔 애굽으로 몰려들었습니다. 이 무리들 중에 요셉의 형들도 있었습니다.

요셉의 형들이 누구입니까? 13년 전 요셉을 미디안 상인에게 팔아 버린, 요셉에게는 원수들이 아닙니까? 그런 그들이 식량을 구하기 위해 요셉의 발 앞에 무릎을 꿇었습니다. 원수는 우리가 아니라 하나님이 갚아 주십니다.

요셉의 형들은 자신들이 무릎을 꿇은 애굽의 총리가 요셉이라는 사실을 마침내 알게 됩니다. 이때 그들의 심정이 어땠을까요? 엄청난 두려움에 사로잡혔을 것입니다. 한편, 요셉의 심정은 어땠을까요?

> 요셉이 형들에게 이르되 내게로 가까이 오소서 그들이 가까이 가니 이르되 나는 당신들의 아우 요셉이니 당신들이 애굽에 판 자라 당신들이 나를 이곳에 팔았다고 해서 근심하지 마소서 한탄하지 마소서 하나님이 생명을 구원하시려고 나를 당신들보다 먼저 보내셨나이다 _ 창 45:4-5

이것은 요셉의 신앙고백입니다. 자신을 애굽의 노예로 팔아 버린 형들입니다. 그 죄가를 치르게 하고 싶은 것이 인지상정입니다. 하지만 요셉은 자신이 애굽에 온 것은 형들 때문이 아니라 하나님의 계획하심에 따른 것이라고 말하고 있습니다.

이 땅에 이 년 동안 흉년이 들었으나 아직 오 년은 밭갈이도 못하고 추수도 못할지라 하나님이 큰 구원으로 당신들의 생명을 보존하고 당신들의 후손을 세상에 두시려고 나를 당신들보다 먼저 보내셨나니 _창 45:6-7

요셉은 하나님이 자신을 애굽에 보낸 이유는, 이 환난의 때에 형들의 생명뿐 아니라, 애굽 주변 사람들의 생명을 구원하기 위해서라고 말합니다. 요셉의 고백을 보면, 그의 인생도 인류의 역사도 그 주인은 언제나 하나님입니다. 모든 사건, 모든 상황의 주인은 하나님입니다.

요셉은 사건과 상황을 바라보는 시각이 달랐습니다. 자신의 상처를 해석하는 관점도 달랐습니다.

그런즉 나를 이리로 보낸 이는 당신들이 아니요 하나님이시라 하나님이 나를 바로에게 아버지로 삼으시고 그 온 집의 주로 삼으시며 애굽 온 땅의 통치자로 삼으셨나이다 _창 45:8

요셉의 고백은 점점 더 놀랍습니다. 자신이 이집트 바로왕의 아버지이며 그의 주관자라고 말하고 있습니다. 그런데 그 일을 하나님께서 하셨다고 말하고 있습니다.

요셉은 자신의 실력이나 우연을 믿는 사람이 아니었습니다. 그는 하나님의 다스리심을 철저히 믿는 사람이었습니다. 우리는 요셉에게서 그리스도인이 주님과 함께 세상을 다스리려면 먼저 철저히 하나님의 다스리심을 받아야 한다는 것을 배우게 됩니다.

요셉이 정치를 잘할 수 있었던 이유는 그가 하나님의 다스리심을 먼저 받아 그 하나님의 주권으로 세상을 다스렸기 때문입니다. 그의 삶이 형통할 수 있었던 것도 그가 하나님의 다스리심을 받았기 때문입니다.

예배는 하나님 앞에서 그분의 다스리심을 경험하는 시간입니다. 교회로 연대한 하나님의 백성들에게 임하는 하나님의 다스리심을 경험하는 시간입니다. 주님의 다스리심을 받는 자는 세상에 나가 거룩한 영향력을 발휘하게 됩니다.

하나님은 악을 선으로 바꾸십니다

창세기 50장에는 애굽에서 요셉과 그의 형제들 그리고 그들의 아버지인 야곱이 함께 행복하게 살고 있는 모습이 그려져 있습니다. 그러던 중 아버지 야곱에게 죽음이 임박하게 되었습니다. 그러자 요셉의 형제들이 다시 한 번 생명의 위협을 느끼게 됩니다. 형들은 자신들이 지금까지 생명을 보전할 수 있었던 것은 아버지 야곱이 살아 계셔서 요셉이 자신들에게 함부로 못 했기 때문이라고 생각했습니다. 그랬기에 야곱의 죽음은 그들에게 위협적인 일이었습니다.

하지만 요셉은 13년간 노예 생활과 감옥 생활을 하면서 하나님 앞에 홀로 서는 법을 철저히 몸에 익힌 사람입니다. 고난이 사람을 만듭니다.

> 그의 형들이 또 친히 와서 요셉의 앞에 엎드려 이르되 우리는 당신의 종들이니이다(우리 목숨이 당신에게 있나이다) 요셉이 그들에게 이르되 두려워하지 마소서 내가 하나님을 대신하리이까
>
> _창 50:18-19

요셉은 두려움에 떠는 형들을 위로하고 있습니다. 그러면서 자신이 애굽을 다스리는 최고의 권력자이지만, 하나님을 대신할 수는 없다고 고백합니다. 이런 그리스도인이 하나님 앞에 많이 나와야 합니다.

그리고 요셉은 다시 한 번 놀라운 고백을 합니다. 이것은 요셉의 신앙의 결정체입니다.

> 당신들은 나를 해하려 하였으나 하나님은 그것을 선으로 바꾸사 오늘과 같이 많은 백성의 생명을 구원하게 하시려 하셨나니
>
> _창 50:20

요셉은 형들이 자신을 팔아넘기는 악한 계획을 세웠지만, 하나님은 그런 비극 속에서도 절망을 소망으로 바꾸시는 선한 능력을 베푸시는 분임을 고백하고 있습니다. 이런 고백은 코람

데오의 신앙이 아니라면 결코 나올 수 없습니다. 요셉의 인생은 복수심과 증오심으로 불타서 망가질 수도 있었습니다. 그러나 그는 그와 함께하시는 하나님으로 인해 형통의 삶을 살 수 있었습니다.

지도자는 요셉처럼 하나님 앞에 선 자로서 역사를 해석하고 모든 상황을 하나님께 맡기는 사람이어야 합니다. 증오로 똘똘 뭉친 지도자는 그의 인생도 망치고 역사도 망치고 국가도 망치게 됩니다.

코로나 사태는 인류에게 분명히 재앙입니다. 세계 인구의 50% 이상이 감염되어야 이 사태가 끝날 것으로 예측하는 학자도 있습니다. 전 세계 경제가 1930년대의 경제 대공황과 같은 혼란에 빠질 것이라는 전망을 내놓은 경제학자도 있습니다. 코로나 바이러스가 자연을 파괴한 인간의 탐욕이 자초한 재앙이라고 말하기도 합니다.

그런데 한편으로 무조건 속도만 내던 세상이 조금씩 느려지고 있습니다. 밤 문화도 사라지고 있습니다. 술 문화가 줄어들고 있습니다. 그리고 어느 때보다 가족들과 더 많은 시간을 갖게 되었습니다. 세계 최악의 미세먼지 오염국가라는 인도에 8년 만에 푸른 하늘이 보이는 기적이 일어났습니다. 중국과 한국의 대기오염도도 많이 줄었습니다.

무역 전쟁으로 치닫던 국가들이 코로나의 공포 앞에서 잠시 멈추었습니다. 과잉, 과욕, 과속, 과식, 과음, 과적, 과밀의 세계가 잠시 멈춰 섰습니다.

눈에 보이지 않는 바이러스 하나가 우리를 하나님 앞에 서게 하고 있습니다. 주님보다 앞서가던 발걸음들이 주님의 속도를 의식하기 시작했습니다. 과연 내가 하나님 앞에 서 있는지 자문하기 시작했습니다. 그리스도인들은 어느 때보다 더 예배를 사모하게 되었습니다. 요셉의 하나님 앞에 서야 한다고 자각하고 있습니다. 교회는 어느 때보다 더 많이 기도하고 구제에 힘쓰고 있습니다. 코람데오 하나님 앞에 서고 있는 것입니다.

우리는 고난당했을 때, 어려움에 처했을 때 하나님께서 나와 함께해 주시기를 간절히 원하고 부르짖습니다. 그런데 정말 하나님께서 나와 함께하심을 믿는다면 하나님께서 언제 어디서나 나를 지켜보고 계신다는 믿음 또한 갖고 있어야 합니다. 어려울 때만 하나님이 나를 바라보고 계실 것이라고 생각하지 말고 평상시에 좋을 때도 죄를 지을 때도 하나님께서 나를 바라보고 계신다는 믿음을 가져야 합니다. 그것이 예배자의 자세입니다.

우리나라는 수출과 수입에 의지하는 나라인 만큼 이번 코로나 사태가 어떤 재앙을 가져올지 알 수 없습니다. 지금까지 풍년을 누렸다면 앞으로 흉년을 지나야 할지도 모릅니다. 이럴 때 그리스도인이 할 일은 기도입니다. 하나님의 긍휼함을 바라며 기도하는 것입니다. 또 어떤 상황, 어떤 위기에서도 주권은 하나님께 있음을 믿음으로 고백해야 합니다. 하나님께서는 악을 선으로 바꾸시는 능력의 하나님임을 고백해야 합니다.

예배를 위한 기도

Prayer

사방에서 마실 물이 없다고 말할 때, 그때가 바로 하나님이 우리의 생수이심을 고백할 때임을 믿습니다. 어디서든 내 자리가 없어서 헤맬 때 그때가 하나님의 존전 앞에 서야 할 때임을 믿습니다. 전능자 하나님, 악을 선으로 바꾸시는 하나님, 요셉과 같은 한 사람으로 세상을 바꾸시는 하나님, 코로나 위기 가운데 모든 두려움을 평안으로 바꿔 주시고 요셉처럼 하나님과 함께함으로 형통하게 하옵소서. 요셉처럼 하나님 앞에 서는 신앙으로 다시금 세워 주옵소서. 우리 각 사람과 나라와 민족과 이 세계를 보호하여 주옵소서.

예수님의 이름으로 감사하며 기도드렸습니다. 아멘.

7장

예배, 하나님의 사랑을 바라보는 것

롬 8:31-39

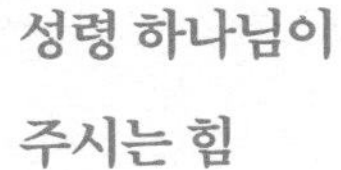

성령 하나님이 주시는 힘

인류는 지금 절박한 마음으로 하나님 앞에 서 있습니다. 코람데오, 하나님의 전능하신 존전 앞에 서 있는 것입니다. 그런데 단순히 하나님 앞에 서는 것만으로는 부족합니다. 하나님은 우리가 장막에 가서, 혹은 성전에 가서 하나님을 경배하고 예배할 때 특별히 하나님의 무엇을 바라보기를 원하실까요?

로마서는 바울이 당시 로마에 있는 그리스도인들에게 쓴 서신서입니다. 그들은 로마 당국의 종교적 핍박을 받고 있었습니다. 바울이 고린도에서 만난 브리스길라와 아굴라 부부도 클라우디우스 황제에 의해 로마에서 추방을 당했습니다.

바울은 로마서를 통해 복음이란 무엇인지를 설명함으로써 고난당하는 그리스도인들을 위로하고자 했습니다. 그리고 어떠한 상황에서도 복음의 능력을 가지고 고난을 이기며 살 것을 당부하고자 했습니다.

특별히 로마서 7장은 구원받은 그리스도인들이 성화의 과정에서 겪는 어려움을 바울 자신의 경험을 근거로 말하고 있습니다. 우리는 믿음으로 구원을 받았지만, 이 땅에서의 현실은 죄가 우리를 유혹하고 현혹함으로 그 죄와 싸우기 바쁩니다. 로마서 6장의 고백처럼 죄에 대하여는 죽고, 예수님에 대하여는 살아나는 과정이 성화입니다. 1세기 그리스도인들은 이 성화의 훈련도 쉽지 않은데 로마 제국의 핍박까지 감수해야 했습니다.

그렇다면 복음의 능력을 경험한 그리스도인들에게 하나님은 어떤 힘을 부여해 주실까요?

로마서 8장 1-30절에서 '영'이라는 말이 무려 22번 등장합니다. 그중에 20번이 하나님의 영이신 '성령님'(The Spirit)입니다. 죄의 권세는 우리를 종으로 만들고, 정죄하고, 무너뜨리지만, 예수님 안에 있는 성령의 법은 우리에게 생명을 주고, 자유함을 줍니다. 바울은 로마서 8장 1-30절에서 이 같은 성령의 역사를 설명하고 있습니다.

그런 뒤 바울은 성령 하나님의 사역이 우리에게 강력하게 가르치고 있는 것이 한 가지 있음을 강조합니다. 특별히 극심한 고난 가운데 있는 그리스도인들이 성령님의 사역을 통하여 바라보아야 할 것이 무엇인지를 설명하고 있습니다. 그것은 바로 '하나님의 사랑'입니다.

하나님의 사랑은 아끼지 않는 사랑입니다

그러면 우리는 예배 가운데서 구체적으로 하나님의 어떤 사랑을 바라보아야 할까요?

엄밀히 말해 '예배는 하나님을 아는 그분의 백성들이 구원을 주시는 최고의 하나님 앞에 감사하여 최고의 경배를 드리는 것'입니다. 그렇다면 예배자는 하나님 앞에 나아갈 때 구원에 대한 감격이 있어야 합니다. 감사가 없는데 어떻게 감격이 있고 하나님을 영화롭게 할 수 있겠습니까?

하지만 우리는 날마다 구원의 감격 가운데 있지 못합니다. 고난이 닥치고 어려움에 처하면 그 감격을 곧 잊어버리곤 합니다. 두려움이 엄습하고 염려에 휩싸이느라 감사하지 못하는 것입니다.

> 그런즉 이 일에 대하여 우리가 무슨 말하리요 만일 하나님이 우리를 위하시면 누가 우리를 대적하리요 _롬 8:31

'그런즉 이 일에 대하여'란 앞에서 열거한 성령의 역사들을 말합니다. 성령의 역사를 경험하는 동시에 우리는 이 땅을 살아가면서 다양한 역경과 고난을 만나게 됩니다. 바울은 이 고난의 문제가 하나님이 위하시는 우리를 대적할 수 없다고 말합니다. 그러면서 바울은 그 이유를 설명합니다.

> 자기 아들을 아끼지 아니하시고 우리 모든 사람을 위하여 내주신 이가 어찌 그 아들과 함께 모든 것을 우리에게 주시지 아니하겠느냐_롬 8:32

하나님은 그분의 가장 강력한 사랑의 증거로 이미 그분의 가장 귀한 아들 예수님을 나의 죄를 대신해서 십자가에 내어주셨습니다. 힘들어하면서 억지로 아들을 내어주신 것이 아닙니다. "아끼지 아니하시고" 내어주셨습니다. 부모가 불순종하고 패역한 자식들을 구원하기 위해 자기가 가장 사랑하는 자식을 내어주면서 어찌 고민이 없을 수 있겠습니까? 하지만 하나님은 "아끼지 아니하시고" 내어주셨습니다. 이 표현은 하나님께서 그만큼 나를 사랑하신다는 것을 의미합니다. 하나님을 배역하고 떠난 나를 그럼에도 사랑하신다는 것입니다.

지금 우리는 코로나라는 매우 위협적인 재앙에 직면해 있습니다. 두려움이 몰려들고 어떤 이들은 죽음을 맞기도 했습니다. 갈수록 사망자가 늘어나는 추세입니다. 어떤 사람은 경제적 위기에 내몰리기도 했습니다. 1세기 그리스도인들의 공포와 두려움은 이보다 더 컸을 것입니다.

바울은 그런 그들에게 아들까지 내어주신 하나님께서 우리의 필요를 충족시키지 않겠느냐고 위로하고 있습니다. 하나님은 능히 우리에게 필요한 것을 채우시는 분입니다.

사탄은 우리를 정죄함으로써 구원의 확신을 흔듭니다. 그렇습니다. 우리는 죄인입니다. 구원받았으나 여전히 실수하고 죄를 저지르고 잘못을 합니다. 잘못을 했으면 그 대가를 치러야 합니다. 죄를 저질렀다면 그에 상응하는 벌을 받아야 합니다. 하나님이 우리를 사랑하신다고 해서 잘못에 대한 대가를 치르는 것까지 없애 주시지 않습니다. 죄에 대한 형벌을 감해 주시지 않습니다. 다만 궁극적으로 죄를 판단하시는 분은 하나님입니다. 그분이 궁극적인 재판장이십니다.

> 누가 능히 하나님께서 택하신 자들을 고발하리요 의롭다 하신 이는 하나님이시니 _롬 8:33

하나님은 우리를 구원하시면서 영적으로 의롭다 하셨습니다. 이 점에 대해 정죄할 이는 아무도 없습니다.

> 누가 정죄하리요 죽으실 뿐 아니라 다시 살아나신 이는 그리스도 예수시니 그는 하나님 우편에 계신 자요 우리를 위하여 간구하시는 자시니라 _롬 8:34

하나님께서 우리에게 주신 구원은 상황이 변한다고 바뀌는 것이 아닙니다. 내가 죄를 짓는다고 구원이 없어지는 것이 아닙니다. 죄를 지으면 벌을 받는 게 당연하지만, 그래서 그 순간 구원의 기쁨이 잠시 상실되겠지만, 그 어떤 순간에도 우리를 향한 하나님의 사랑에는 변함이 없습니다.

예배는 그 크신 하나님의 사랑으로 인하여 구원의 확신을 가지고 주님 앞에 나아가는 것입니다.

> 그러므로 이제 그리스도 예수 안에 있는 자에게는 결코 정죄함이 없나니 이는 그리스도 예수 안에 있는 생명의 성령의 법이 죄와 사망의 법에서 너를 해방하였음이라 _롬 8:1-2

로마서 7장에서 "오호라 나는 곤고한 사람이로다" 하며 한탄하였더라도 예수 안에 있는 자에게는 결코 정죄함이 없습니다. 그리스도 예수 안에 있는 생명의 성령의 법이 죄와 사망의 법에서 우리를 해방시켰기 때문입니다. 상황이 아니라 나의 의가 아니라 하나님께서 보혈을 의지하는 자들에게 이러한 확신을 주십니다. 우리는 이러한 확신을 주시는 하나님 안에서 예배하는 자입니다.

하나님의 사랑은 환난을 넉넉히 이기게 하는 사랑입니다

최근 코로나 사태로 인해 가장 많은 어려움을 겪는 사람 중 하나가 노숙자들입니다. 사회적 거리 두기로 인해 그들에 대한 봉사자들이 현저히 줄었기 때문입니다. 장애인들도 어려움을 겪고 있습니다. 일용직 근로자들과 아르바이트 학생들의 실직도 심각합니다.

역사상 전염병이 창궐하면 가장 큰 고통을 겪는 이가 가난한 사람들입니다. 특히 이주 노동자들과 다문화 가정은 경제적인 어려움뿐만 아니라 주변의 따가운 시선으로 인해 고통을 겪게 됩니다. 사회적으로 고난을 겪는 이런 때일수록 그리스도인들은 이들에게 시선을 돌려 관심과 사랑을 보내야 합니다.

뉴스를 보면 중국에 사는 탈북민들이 지옥과 같은 시간을 보내고 있다고 합니다. 코로나가 걸려도 신분 노출이 두려워 병원에 갈 수가 없습니다. 현재 전 세계 21억 명의 그리스도인들 가운데 종교적 핍박을 받는 그리스도인은 8억 명가량입니다. 그중 극심한 박해를 받는 그리스도인은 무려 2억 1천만 명입니다. 이들은 코로나 사태로 인해 더 큰 고통 가운데 있습니다.

1세기의 그리스도인들의 고통은 오늘날 극심한 핍박을 받는 그리스도인들보다 더 심각했습니다. 그런데 바울이 로마의 그리스도인들에게 편지를 쓰고 나서 10여 년이 흐른 뒤에는 그보다 더 강도 높은 핍박을 받게 되었습니다. 그 유명한 네로 황제 시대입니다. 로마에서 일어난 대화재의 원인을 그리스도인에게 돌리고 그들을 십자가에 매달아 죽이거나 원형 경기장 한복판에서 사자의 밥이 되게 하고, 동물의 가죽을 씌워서 태양에 말려 죽이기도 했습니다. 심지어 사지를 찢어서 죽이기도 했습니다.

이처럼 상상하기도 싫은 고난을 받는 그리스도인들에게 성경은 이렇게 말합니다.

누가 우리를 그리스도의 사랑에서 끊으리요 환난이나 곤고나 박해나 기근이나 적신이나 위험이나 칼이랴 기록된 바 우리가 종일 주를 위하여 죽임을 당하게 되며 도살당할 양같이 여김을 받았나이다 함과 같으니라 _롬 8:35-36

성경은 그리스도인들이 당하는 핍박에 대하여 모르지 않습니다. 우리가 상상하는 것보다 훨씬 더 자세히 알고 있습니다. 또한 그 사실을 숨기려 하지도 않습니다. 그럼에도 불구하고 성경은 이 모든 것을 우리가 넉넉히 이길 수 있다고 말합니다. 그리고 그 이유는 다음과 같습니다.

그러나 이 모든 일에 우리를 사랑하시는 이로 말미암아 우리가 넉넉히 이기느니라 _롬 8:37

우리를 사랑하시는 이는 하나님 아버지입니다. 성도를 향한 하나님의 사랑은 오직 그의 아들 예수님 안에서 발견됩니다.

우리가 아직 죄인 되었을 때에 그리스도께서 우리를 위하여 죽으심으로 하나님께서 우리에 대한 자기의 사랑을 확증하셨느니라 _롬 5:8

하나님의 사랑은 "아낌없이 주시는"(롬 8:32) 사랑입니다. 이 아낌없이 주시는 사랑으로 하나님은 우리에게 고난 가운데서도 '넉넉히 이기는' 능력을 주십니다.

우리는 예배 가운데 고난을 넉넉히 이기게 하시는 하나님의 능력을 바라보아야 합니다. 상황은 우리를 위협하고 두렵게 할 수 있습니다. 그러나 우리를 결코 파괴시킬 수는 없습니다.

하나님의 사랑은 영원히 함께하시는 사랑입니다

대중가요 가사를 들어 보면 90% 이상이 남녀간의 사랑을 노래하고 있습니다. 하지만 로미오와 줄리엣도 이루어질 수 없는 사랑을 했습니다. 이 땅에서의 사랑은 한계가 있지요. 신앙생활하면서 제 나름대로 사랑을 정의해 보았습니다.

"사랑은 그 대상과 영원히 함께하고 싶은 것이다."

하나님의 사랑은 아낌없이 주는 대속성과 함께 영원성이 특징입니다. 우리와 영원히 함께하고 싶은 사랑입니다.

> 내가 확신하노니 사망이나 생명이나 천사들이나 권세자들이나 현재 일이나 장래 일이나 능력이나 높음이나 깊음이나 다른 어떤 피조물이라도 우리를 우리 주 그리스도 예수 안에 있는 하나님의 사랑에서 끊을 수 없으리라 _ 롬 8:38-39

이 말씀은 우리를 향한 하나님의 강력한 사랑을 말하고 있습니다. 하나님의 사랑은 죽음도 갈라놓을 수 없습니다. 어떤 영의 세계도 어떤 세상의 권세도 현재나 미래에 일어날 어떤 고난과 박해도, 우주에 존재하는 어떤 피조물도, 어떤 사건도, 우리를 하나님의 사랑에서 끊어 놓을 수 없습니다. 이유가 무엇입니까? 하나님께서 우리와 영원히 함께하시겠다고 약속하셨기 때문입니다.

영원한 사랑은 상황이나 환경에 따라서 변하지 않습니다. 내가 어떤 사람이든지 그 사랑은 변함이 없습니다. 변덕스럽지 않습니다. 구원받은 하나님의 백성들의 심령에는 하나님의 영이신 성령님이 존재하시기 때문입니다. 그리고 아들이신 예수님의 거룩한 보혈이 흐르고 있기 때문입니다.

고난 중에 무엇을 해야 합니까

우리는 우리와 영원히 함께하시겠다는 하나님의 백성입니다. 그런데 어째서 인생에는 고난이 있는 겁니까? 전 세계를 공포에 몰아넣은 코로나 사태와 같은 일이 어째서 일어나는 겁니까?

고난은 더러 나 자신이나 타인의 죄의 결과일 수 있습니다. 더러 우리를 성숙시키고자 하는 하나님의 시험인 경우도 있습니다. 욥의 고난이 대표적인 경우입니다. 더러 사탄의 유혹과 공격으로 인해 고난을 받을 때도 있습니다.

지금 우리가 겪고 있는 고난이 어떤 경우인지는 속단할 수 없습니다. 판단해서도 안 됩니다. 다만 분명히 말할 수 있는 것은, 어떠한 경우든 이 모든 고난을 주관하시는 분이 하나님이라는 사실입니다.

> 너희는 다시 무서워하는 종의 영을 받지 아니하고 양자의 영을 받았으므로 우리가 아빠 아버지라고 부르짖느니라 성령이 친히 우리의 영과 더불어 우리가 하나님의 자녀인 것을 증언하시나니 자녀이면 또한 상속자 곧 하나님의 상속자요 그리스도와 함께 한 상속자니 우리가 그와 함께 영광을 받기 위하여 고난도 함께 받아야 할 것이니라 생각하건대 현재의 고난은 장차 우리에게 나타날 영광과 비교할 수 없도다 _ 롬 8:15-18

우리는 하나님의 자녀가 되었습니다. 엄청난 특권을 가진 것입니다. 우리가 하나님의 자녀라면 우리에게도 예수님이 받으실 상급과 영광이 있을 것입니다. 그리고 동시에 예수님의 고난에 동참해야 합니다. 예수님은 고난받으실 이유가 없었으나 이 땅에 오셔서 고난을 받으셨습니다. 예수님의 고난은 우리에게 모범을 보이기 위한 것일 수 있습니다. 예수님은 고난을 받았으나 십자가를 통해 고난을 이기고 부활하셨습니다.

우리 역시 고난이 있을 것인데, 그 고난은 영광을 위한 고난입니다. 그러므로 고난이 닥쳤을 때 두려워하지 말아야 합니다. 지금 겪는 고난은 앞으로 받을 영광과 족히 비교할 수 없는 것임을 기억하시기 바랍니다.

성도에게 주어진 구원의 능력이 얼마만큼 강력한가는 세상의 어떤 고난 가운데서도 우리를 하나님의 사랑에서 끊을 수 없다는 사실에서 증명됩니다.

인생에 기근이 찾아왔나요? 견디기 힘든 고난 가운데 있습니까? 이 고난을 견디는 힘은 변하지 않는 하나님의 사랑을 바라보는 것입니다. 예배 가운데 우리가 바라볼 것은 절대 변함이 없는 하나님의 사랑입니다.

구원의 확신을 주시는 사랑을 바라봅시다

신천지의 코로나 집단 감염으로 인해 신천지가 사회적으로 큰 이슈가 되었을 때, 우리의 가슴을 따뜻하게 하는 간증이 있어 소개합니다. 어느 목자님의 신천지에 빠진 부모님에 대한 사랑 이야기입니다.

"저는 요즘 하루하루 예배를 사모하며 드리고 있는데요, 하나님께서 저의 마음에 화답하시듯 오늘 기적과 같은 예배를 드렸답니다. 저의 친정엄마는 신천지 교인이시고 아버지는 불신자입니다. 그간 무겁고 슬픈 마음으로 코로나와 신천지 사태를 지켜보고 있다가 부모님과 같이 예배 드리라는 마음을 주셔서 지난주에 복음 제시를 했습니다. 그 후 또다시 주일 예배를 같이 드릴 것을 도전하셔서 집에서 함께 예배를 드리게 되었습니다.

'주일 예배 때 담임목사님이 어떤 말씀을 주실까? 혹시나 민감한 부분을 건드리셔서 엄마가 불쾌해하시면 어쩌지? 아버지가 시끄럽다고 방에 들어가시면 어쩌나 …' 여러 가지 염려가 되었지만 성령께 맡기고 진행하였습니다. 다행히 두 분은 경청하셨고 심지어 담임목사님의 구원 초청에 반응하기까지 하셨습니다. 할렐루야! 오늘 예배를 통해 하나님께서 부모님을 사랑하시고 기다리신다는 확신을 주셔서 가슴이 벅찹니다.

이 기적은 많은 성도님들의 중보기도 덕분입니다. 그리고 신천지 신도들에게도, 불신자들에게도 여전히 긍휼과 사랑의 마음을 갖고 계신 하나님의 넘치는 사랑과 은혜 덕분입니다."

우리는 이제 고난을 넉넉히 이기게 하시는 하나님의 사랑을 압니다. 영원히 우리와 함께하시겠다는 하나님의 약속을 믿습니다. 그렇다면 모두가 힘들고 지쳐 있을 때 힘을 내야 할 사람이 누구입니까? 감히 누가 그리스도의 사랑에서 우리를 끊으리요, 라고 고백하는 그리스도인들이 일어나야 하지 않겠습니까?

대구에서 코로나 바이러스가 크게 확산되었을 때 우리 교회 성도 중에도 한달음에 달려가 봉사한 분이 있습니다. 병원문을 닫고 집에도 돌아가지 못한 채 일주일도 아니고 한 달째 봉사하셨습니다. 그밖에도 이름도 빛도 없이 이모저모로 수고하시는 분이 참 많습니다.

우리가 하나님의 자녀로서 이렇게 수고할 수 있는 것은, 하나님의 아낌없는 사랑을 받았기 때문입니다. 영원히 함께하시겠다는 언약을 믿기 때문입니다. 그 사랑의 힘으로 우리가 넉넉하게 섬기고 베풀 수 있는 것입니다. 이것이 곧 하나님의 사랑을 바라보는 예배입니다. 이것이 곧 삶으로 드리는 예배입니다. 예배는 하나님 앞에 서서 모든 상황을 내려놓고 하나님의 사랑을 똑바로 바라보는 것입니다. 거기서 위로와 능력이 나오는 것입니다.

예배를 위한 기도

아버지 하나님, 마지막 때에 기근과 적신과 칼과 전쟁과 전염병과 수많은 고난이 있다는 것을 말씀을 통해 알고 있습니다. 2천 년 전 그리스도인들에게 주신 이 말씀이 오늘에도 여전히 유효함을 압니다. 하나님, 고난받으면서도 주님에 대한 충성심을 잃지 않고 환난 가운데서도 예배할 수 있는 것은 예배 가운데 부어주시는 하나님의 놀라우신 사랑 때문임을 기억하게 하옵소서. 주를 위하여 헌신하는 자녀들과 함께하여 주옵소서. 고난을 넉넉히 이기게 하옵소서. 코로나 사태로 인해 수고하는 모든 공무원들과 의료진들을 특별히 기억하셔서 영육간에 강건하고 풍성하신 사랑으로 채워 주옵소서.

예수님의 이름으로 감사하며 기도드렸습니다. 아멘

8장

누구를 위하여 종은 울리나

마 27: 35-50

누구를 위한 죽음이었나?

종려주일은 예수님께서 죽음을 목전에 두고 예루살렘에 입성하신 것을 기념하는 주일입니다. 당시 이스라엘 사람들은 종려나무 가지를 흔들며 입성하시는 예수님께 '호산나'를 외쳤습니다. 종려나무는 척박한 사막 지역에서도 잘 자라 이스라엘 사람들에게는 '생명력' '거룩' 혹은 '승리'를 의미하는 것이었습니다. 그들은 예수님이 메시아일지도 모른다는 기대감으로 종려나무 가지를 흔들며 예수님을 환호한 것입니다.

이것은 스가랴 9장 9절 말씀의 성취이기도 합니다. 이 종려주일이 지나면 일주일간 고난주간 혹은 수난주간으로 지킵니다. 고난주간이 끝난 그 주일이 바로 부활주일입니다.

제가 어린 시절에 추석이나 설날이면 TV에서 방영되던 영화가 있습니다. 바로 〈누구를 위하여 종은 울리나〉입니다. 영어 제목은 'For whom the bell tolls'입니다. 어니스트 헤밍웨이의 장편 소설이 원작으로, 잉그리드 버그만과 게리 쿠퍼가 주연해서 더욱 주목을 받은 영화입니다.

스페인 내전을 무대로 로버트 조던과 마리아가 주인공입니다. 로버트 조던은 스페인 내전에 반파시스트군으로 참가한 미국의 젊은이입니다. 작전상 중요한 교량을 폭파하는 임무를 짊어지고 게릴라 부대에 협조를 요청하게 되는데 이때 게릴라 부대에 숨어 있던 마리아를 만나 사랑에 빠지게 됩니다. 전쟁의 참상이 젊은 두 남녀의 사랑 안에서 그대로 그려지는 내용입니다.

'누구를 위하여 종은 울리나'는 17세기 영국 성공회 성직자인 존 던(John Donne) 신부가 쓴 시에서 나오는 구절입니다. 그가 병상에서 고통 가운데 있으면서 '저 종소리는 누구의 죽음을 알리는 종소리인가?'라는 의미로 시를 쓴 것이지요. 이를 헤밍웨이가 자신의 소설 제목으로 인용한 것입니다.

이를 패러디해서 묻고 싶습니다. '누구를 위한 십자가의 죽음인가?' 자칭 하나님의 아들이라고 하는 나사렛 예수는 왜 그토록 고통스러운 죽음을 맞아야 했을까요? 얼마든지 죽음을 피할 수 있었음에도 왜 그분은 기꺼이 십자가를 지신 걸까요?

그리하면
믿겠다고요?

십자가 형벌의 고통은 그 자체만으로도 감당하기 힘든 고통입니다. 그런데 예수님은 육신의 고통은 물론 심한 욕설과 조롱까지 감내해야 했습니다. 형벌의 장에서는 죽음 자체가 엄숙한 것이기에 어떠한 극악무도한 죄인에게도 인간의 존엄성을 존중하는 의미에서 엄숙하게 사형을 집행합니다. 죽음 앞에서는 엄숙해지는 것입니다.

예수님은 왕으로 입성한 지 얼마 안 돼 죄인이 되었습니다. 사람들은 종려나무 가지를 흔들며 '호산나'를 외친 지 며칠 안 돼 예수님을 죽여 달라고 외쳤습니다. 당시 사형수인 바라바를 대신 놓아 주라고까지 하며 예수님의 죽음을 호소했습니다. 군중의 심리는 믿을 게 못 됩니다.

이때 제자들은 이 군중과 달랐을까요? 아닙니다. 가룟 유다는 예수님을 제사장들에게 팔았고, 수제자 베드로는 예수님을 모른다고 부인했으며, 나머지 제자들도 처참하게 끌려가 매를 맞는 스승을 외면했습니다.

잡히시던 날, 예수님은 주먹으로 얼굴을 가격당했고, 뺨을 맞았으며, 침 뱉음을 당하셨습니다. 뼈가 으스러지는 태장을 맞았고, 살을 가르는 채찍으로 수없이 맞으셨습니다. 머리엔 가시면류관이 씌워졌습니다. 군병들이 무릎 꿇린 예수님을 향해 "유대인의 왕이여 평안할지어다"라며 야유하고 조롱했습니다.

마지막 때에 세상이 예수님을 대하는 방식이 이렇습니다. 마지막 때에 세상이 교회를 대하는 방식도 이럴 것입니다.

> 그는 멸시를 받아 사람들에게 버림받았으며 간고를 많이 겪었으며 질고를 아는 자라 마치 사람들이 그에게서 얼굴을 가리는 것같이 멸시를 당하였고 우리도 그를 귀히 여기지 아니하였도다
>
> _사 53:3

예수님이 오시기 700년 전에 이사야가 예언한 말씀입니다. 예수님은 이사야가 예언한 대로 버림받았고 멸시당하셨습니다. 십자가형은 로마 제국에 반역한 사람들을 처형하기 위해 고안한 것으로, 십자가형을 당하는 사람이나 지켜보는 사람이나 모두 공포에 떨게 만든 사형 방법입니다. 실제로 1968년 예루살렘 북쪽 기밧트 하-미브타(Giv'at ha-Mivtar)에서 십자가형을 받은 어느 남자의 뼈가 발견되었는데, 길이가 11.5cm나 되는 철못이 박혀 있었습니다.

예수님을 십자가에 못 박은 후 시편 22편 18절의 예언대로 로마 군병들은 심심풀이로 제비를 뽑아서 예수님의 옷을 네 깃으로 나누어 가졌습니다.

> 군인들이 예수를 십자가에 못 박고 그의 옷을 취하여 네 깃에 나눠 각각 한 깃씩 얻고 속옷도 취하니 _요 19:23

예수님의 목에는 '이 사람은 유대인의 왕이다'라고 씌어 있는 죄패가 걸려 있었습니다. 예수님과 함께 십자가 처형을 받은 사람들은 로마에 반역한 정치범이었습니다. 따라서 예수님이 십자가형을 받은 죄의 내용은 유대인의 왕으로서 로마를 대적한 정치범이었습니다.

그런데 하나님의 아들이며 메시아이신 예수님이 십자가형을 당하면서 가장 고통스러웠던 것은 무엇일까요? 아마도 육신의 고통보다 더 괴로웠던 것은 하나님의 아들이라면서 자기 스스로를 구원하지 못한다라는 조롱이었을 것 같습니다.

> 지나가는 자들은 자기 머리를 흔들며 예수를 모욕하여 이르되 성전을 헐고 사흘에 짓는 자여 네가 만일 하나님의 아들이어든 자기를 구원하고 십자가에서 내려오라 하며 _마 27:39-40

"하나님의 아들이라며? 성전을 헐고 3일 만에 고칠 수 있다며?"

성전은 예수님 자신을 가리킨 말씀이었으나, 그 의미를 알리 없는 사람들은 이렇게 조롱하고 야유했습니다. 유대의 종교 지도자들도 이 조롱에 가세합니다.

> 그와 같이 대제사장들도 서기관들과 장로들과 함께 희롱하여 이르되 그가 남은 구원하였으되 자기는 구원할 수 없도다 그가 이스라엘의 왕이로다 지금 십자가에서 내려올지어다 그리하면 우리

가 믿겠노라 _ 마 27:41-42

"그리하면 우리가 믿겠노라." 우리도 이 말을 더러 합니다. "그리하면 주님 믿겠습니다. 십자가에서 얼른 내려오세요." 예나 지금이나 사람들은 정말 메시아라면 당장 기적을 보이라고 예수님께 조롱하며 요구합니다. 하지만 주님은 이 땅에 계시는 동안 단 한 번도 자신을 위해 기적을 베푸신 적이 없습니다.

그가 하나님을 신뢰하니 하나님이 원하시면 이제 그를 구원하실지라 그의 말이 나는 하나님의 아들이라 하였도다 하며 _ 마 27:43

예수님을 조롱하고 비아냥대는 이 같은 말이 십자가에 못 박히는 육신의 고통보다 예수님을 더 아프게 했을 것입니다. 입에 독이 가득한 독화살과 같은 말들입니다. 정말 하나님의 아들이셨다면 예수님의 괴로움은 우리의 상상을 초월하는 것입니다. 어느 누구도 이해할 수 없는 고통입니다.

3년 전 광야에서 40일간 금식한 예수님께 사탄이 시험한 내용도 이와 다르지 않습니다. 사탄은 "만일 네가 하나님의 아들이거든 뛰어내리라" 하면서 하나님의 천사들이 다치지 않도록 보호할 것이라고 말했습니다. 그 사탄의 독화살이 지금 군중의 입을 통해 뿌려지고 있는 것입니다.

"하나님의 아들이라며? 그런데 하나님은 지금 뭐 하고 있는 거냐? 어떻게 하나님의 아들이 이렇게 옷 하나 걸치지 않고 수치스럽게 십자가에 달려 있는 거지? 실력 발휘 한번 해보시지?"

제가 만약 예수님이라면, 독화살을 쏘는 사람들에게 하늘 문을 열어 화를 쏟아붓고 싶었을 것입니다. 그러나 예수님도 하나님도 묵묵히 참으실 뿐이었습니다.

예수님은 "주는 그리스도시요 살아 계신 하나님의 아들이십니다"라고 한 베드로의 고백을 매우 기뻐하시면서 그 순간 당신이 고난을 당하고 죽임을 당할 것을 예언하셨습니다. 그러자 베드로가 매우 격한 반응을 보입니다.

> 베드로가 예수를 붙들고 항변하여 이르되 주여 그리 마옵소서 이 일이 결코 주께 미치지 아니하리이다 _ 마 16:22

영어성경(NIV)에는 "Peter took him aside and began to rebuke him"이라고 번역하고 있습니다. 베드로가 예수님을 조용한 곳으로 끌고 가서 꾸짖었다는 것입니다. 막 화를 냈다는 것입니다. 베드로는 하나님의 아들이라면서 왜 십자가에서 죽임을 당하느냐고, 그런 일은 절대 일어나선 안 된다고 화를 내고 있는 것입니다. 이때 예수님의 말씀은 가히 충격적입니다.

> 예수께서 돌이키시며 베드로에게 이르시되 사탄아 내 뒤로 물러가라 너는 나를 넘어지게 하는 자로다 네가 하나님의 일을 생각하지 아니하고 도리어 사람의 일을 생각하는도다 하시고 _ 마 16:23

예수님은 베드로의 반응이 사탄의 짓이라고 말씀하십니다. 베드로의 말은 광야에서 예수님을 시험한 사탄의 말이었고, 지금 십자가에서 고통스럽게 죽어 가는 예수님을 향해 조롱과 멸시를 보내는 사람들의 말입니다. 하나님의 아들이라는 것을 증명해 보이라는 겁니다. 그러면 믿겠다는 겁니다.

사탄은 왜 이토록 끈질기게 예수님을 공격한 것일까요? 답은 한 가지입니다. 예수님이 십자가에서 돌아가시면 사탄의 모든 계획이 수포로 돌아가기 때문입니다. 예수님이 십자가에서 돌아가시는 순간 모든 사망과 권세와 어둠의 계획이 무너지기 때문입니다.

예수님의 십자가 죽음은 이미 구약의 선지자들을 통하여 예언된 사실입니다. 다만 사람들이 메시아가 고통받는 것을 인정하고 싶지 않았을 뿐입니다. 내가 믿고 싶은 것만 믿고 듣고 싶은 것만 들었던 것입니다.

예수님은 성경이 예언한 대로 하나님의 계획을 따라 순종하며 십자가를 지셨습니다. 철저하게 버림받고 멸시받으며 순종의 길을 걸으셨습니다.

마지막 순간까지
침묵하시는 하나님 아버지

> 제구시쯤에 예수께서 크게 소리 질러 이르시되 엘리 엘리 라마 사박다니 하시니 이는 곧 나의 하나님, 나의 하나님, 어찌하여 나를 버리셨나이까 하는 뜻이라 _ 마 27:46

마지막 순간에 하신 예수님의 절규입니다. 생각해 보십시오. 성경이 진짜가 아니라면, 꾸며지고 각색된 것이라면, 이처럼 연약하고 힘없는 절규를 기록에서 뺐을 것입니다. 대문호 톨스토이가 성경을 썼다면 극적인 효과를 위해서라도 이런 구절은 생략했을 것입니다.

예수님이 이 마지막 순간에 경험한 버림받은 고통은 사실 인간이 죄의 결과로 하나님과 단절된 고통입니다. 겟세마네 동산에서 할 수만 있다면 이 잔을 내게서 옮겨 달라 하신 그 쓴 잔은 하나님과 단절되는 고통을 말합니다.

그런데 예수님은 이 고통을 왜 겪으셔야 했습니까? 분명한 것은 예수님 자신을 위한 고통이 아니었습니다. 하나님을 위한 고통도 아니었습니다. 그렇다면 예수님은 왜 조롱과 멸시와 고통을 당하며 십자가에 달려 돌아가신 겁니까? 아들이 "아버지여 나를 버리셨습니까?"라고 절규하는 순간에도 하나님께서 고통스럽게 침묵하신 이유가 무엇입니까?

그는 실로 우리의 질고를 지고 우리의 슬픔을 당하였거늘 우리는 생각하기를 그는 징벌을 받아 하나님께 맞으며 고난을 당한다 하였노라 _ 사 53:4

여기서 '우리'는 십자가 밑에서 예수님을 조롱하고 야유했던 모든 사람들을 말합니다.

그가 찔림은 우리의 허물 때문이요 그가 상함은 우리의 죄악 때문이라 그가 징계를 받으므로 우리는 평화를 누리고 그가 채찍에 맞으므로 우리는 나음을 받았도다 _ 사 53:5

예수님이 철저하게 버림받음으로써 십자가 아래에서 야유와 조롱을 퍼붓던 내가 하나님께 용납되었습니다. 그는 채찍에 맞고 나는 나음을 얻고, 그는 찢어지고 나는 싸매어지고, 그는 죽고 나는 살아나는 역사가 예수님이 십자가에 달리신 그 시간에 일어난 것입니다. 이것이 하나님의 계획이었고, 예수님은 그 계획을 따라 순종하셨습니다.

우리는 다 양 같아서 그릇 행하여 각기 제 길로 갔거늘 여호와께서는 우리 모두의 죄악을 그에게 담당시키셨도다 _ 사 53:6

하나님이 계획하신 십자가 형벌의 목적은 우리의 모든 죄를 아들 예수님께 뒤집어씌우기 위함이었습니다. 우리의 진홍처럼 붉은 죄를 예수님으로 말미암아 희게 하여 하나님께 우리가 용납되기 위함이었습니다.

나와 아무런 상관도 없어 보이는 서른세 살의 젊은이가 나를 새롭게 하기 위해, 죽어 가는 내 영혼을 살리기 위해 나 대신 죽었습니다. 이보다 더 놀라운 사랑이 어디 있습니까? 이 사랑이 믿어집니까? 예수님의 십자가 사건이 나의 사건으로 경험됩니까? 만일 그렇지 않다면 우리는 단순히 종교인으로서 교회에 출입하는 것입니다.

예수님과 함께 십자가형을 당한 사람 둘이 있었습니다. 그 중 하나는 끝까지 예수님을 조롱했습니다. 예수님을 이처럼 가깝게 만났는데도 예수님을 알아보지 못하는 사람이 있습니다.

예수님이 마지막 순간에 "엘리 엘리"(나의 하나님 나의 하나님)라고 부르짖자, 사람들이 선지자 엘리야를 부르신 줄 알고 "어디 엘리야가 내려와서 구원하는지 지켜보자"고 말합니다. 믿으면서도 믿지 않고, 믿지 않으면서도 믿는 것입니다. 십자가를 아무리 가까이서 지켜보아도 그 십자가가 나와 상관이 없으면 이런 이야기밖에 할 수 없습니다.

"귀하신 주님,
제 손을 잡아 주소서"

우리나라 사람들이 좋아하는 복음성가 중에 '주님여 이 손을 꼭 잡고 가소서'란 곡이 있습니다. 저도 어렸을 때 이 찬양을 곧잘 불렀습니다. 그런데 미국 생활을 하면서 이 찬양이 미국의 흑인 찬양 사역자가 만든 곡이란 사실을 알았습니다. 영어 제목은 'Precious Lord, Take My Hand'(귀하신 주님, 제 손을 붙들어 주옵소서)입니다. 복음성가라는 말을 처음으로 사용한 토머스 앤드류 도시(Thomas Andrew Dorsey)가 조지 앨런(George Allen)의 찬송가 '메이틀랜드'(Maitland)를 편곡해서 만든 곡입니다.

도시(Dorsey)는 원래 재즈와 블루스 음악에 심취해 있다가 시카고 근교의 침례교회에서 찬양 사역을 하게 되었습니다. 그러던 1932년 어느 날 세인트루이스에서 집회 요청을 받게 되는데, 때마침 그의 아내 네티(Nettie)가 출산을 앞두고 있었습니다. 의사는 아내가 출산 중에 위험이 있다고 알렸지만 도시는 하나님께 자신의 상황을 맡기고 5시간 거리에 있는 집회에 참석하기 위해 길을 떠났습니다.

"주님, 주님께서 제 아내와 태아를 지켜 주십시오. 저는 하나님의 일을 하러 갑니다."

도시는 오가는 길에서도 집회 중에도 하나님께 아내를 부탁하는 기도를 계속해서 드렸습니다. 어느 남편이 이렇게 기도하지 않겠습니까! 통신 시설이 흔치 않던 1932년, 도시가 집회를 마치고 시카고 근교 병원으로 돌아왔을 때 아내는 이미 출산 중에 신생아와 함께 사망한 후였습니다. 얼마나 큰 충격이었겠습니까? 얼마나 하나님이 원망스러웠겠습니까?

도시는 감당할 수 없는 슬픔에 빠져서 하나님을 원망하고 교회 사역도 떠나 방황하게 됩니다. 그렇게 방황하던 어느 날 친구를 만났다가 우연히 이런 글귀를 보게 됩니다.

'Precious Lord, take my hand!'

도시는 이때 부활에 대한 소망으로 그를 이끄시는 하나님을 붙들기로 결심하며 곡을 쓰기 시작했고, 그렇게 해서 탄생한 곡이 '주님여 이 손을 꼭 잡고 가소서'입니다.

백인 우월주의자들의 위협을 받던 마틴 루터 킹 주니어 목사님이 자주 불렀던 곡이며, 흑인들이 인종차별 폐지를 위해 가두행진을 할 때도 자주 불렀던 곡입니다.

Precious Lord, take my hand (귀하신 주님, 제 손을 잡아 주세요)
Lead me on, let me stand
(저를 인도하시고, 제가 설 수 있도록 도와주소서)
I'm tired, I'm weak, I'm lone (저는 힘들고, 연약하고, 외롭습니다)
Through the storm, through the night
(폭풍우가 지나가고, 밤이 지나갈 때도)
Lead me on to the light (저를 빛으로 인도하소서)
Take my hand precious Lord (제 손을 꼭 잡아 주소서 귀하신 주여)

Lead me home (저를 집으로 인도해 주소서)

When my way grows drear (제가 가는 길이 어둡고 황량해지면)

Precious Lord linger near

(귀하신 주여, 날 가까이 오래 머물러 주옵소서)

When my light is almost gone (내 여명이 거의 사라질 때)

Hear my cry, hear my call

(제 울부짖음을 들으소서, 제 부르짖음을 들어 주소서)

Hold my hand lest I fall

(제가 쓰러지지 않도록 제 손을 잡아 주소서)

Take my hand precious Lord (귀하신 주여, 제 손을 잡아 주소서)

Lead me home (저를 집으로 인도하소서)

When the darkness appears (어둠이 닥쳐오고)

And the night draws near (밤이 다가오고)

And the day is past and gone

(그리고 그날이 끝나고 사라져 버렸을 때)

At the river I stand (저는 강가에 섭니다)

Guide my feet, hold my hand

(제 발을 인도해 주시고 제 손을 잡아 주소서)

Take my hand precious Lord (제 손을 잡아 주소서 귀하신 주여)

Lead me home (저를 집으로 인도하소서)

이 찬양은 주님의 죽음이 결코 헛된 죽음이 아니라 내 인생길의 고난에 동참하시는 구원의 죽음임을 고백하고 있습니다.

한국 교회의 부흥사였던 고(故) 이성봉 목사님은 늘 두 손을 꽉 쥐고 다니셨다고 합니다. 사람들이 "목사님, 어째서 그렇게 손을 꽉 쥐고 다니세요?"라고 물으면 "주님 손잡고 다니지. 그 손 놓치지 않으려고"라고 대답했다고 합니다.

> 예수께서 큰 소리로 불러 이르시되 아버지 내 영혼을 아버지 손에 부탁하나이다 하고 이 말씀을 하신 후 숨지시니라 _ 눅 23:46

"내 영혼을 아버지 손에 부탁하나이다."

우리는 신앙생활을 하면서 때로 절망하기도 하고 쓰러져서 낙담하기도 합니다. 의심하기도 하고 베드로처럼 부인할 때도 있습니다. 하지만 주님의 십자가를 경험한 사람은 우리가 주님 손에 붙들려 있다는 것을 믿습니다. 육신의 죽음을 맞을지라도 결국 부활하여 영생을 살 것을 믿습니다.

예수님은 "다 이루었다"(요 19:30)고 말씀하신 뒤 숨을 거두셨습니다. '다 이루었다'는 헬라어로 '테텔레스타이'로 로마를 대제국으로 만든 황제 아우구스투스가 더 이상 점령할 땅이 없다면서 한 말이기도 합니다. 예수님은 과연 무엇을 다 이룬 것일까요? 로마 제국으로부터 이스라엘을 독립시킨 것도 아니고 커다란 부를 쌓아 놓은 것도 아니고 이 땅에서 죽음이 없는 불사의 삶을 보장받은 것도 아닌데 무엇을 다 이루었단 말입니까?

예수님은 요한복음에서 당신의 죽음을 통해 무엇이 이뤄질 것인지를 말씀하셨습니다.

> 내 양은 내 음성을 들으며 나는 그들을 알며 그들은 나를 따르느니라 내가 그들에게 영생을 주노니 영원히 멸망하지 아니할 것이요 또 그들을 내 손에서 빼앗을 자가 없느니라 그들을 주신 내 아버지는 만물보다 크시매 아무도 아버지 손에서 빼앗을 수 없느니라 나와 아버지는 하나이니라 하신대 _요 10:27-30

모든 이들의 조롱거리가 된 지금, 철저히 혼자가 된 지금, 예수님은 지금이 아니라 그 너머에서 이뤄진 현실을 보고 계십니다. 그리고 예수님의 손을 굳게 붙잡고 계신 하나님을 보십니다. 우리 역시 이 예수님의 손에 붙들린바 되어야 합니다. 이것이 믿음입니다.

어린 시절 증조할머니와 할아버지가 세우신 교회에는 종탑이 있었습니다. 시계도 없던 시골에 종탑은 매 시간을 알려 주었습니다. 종이 땡땡땡 세 번 울리면 세 시가 되었다는 것을 알았습니다.

예수님은 누구를 위해 십자가에서 구원의 종을 울리셨습니까? 누구를 위해 예수님이 십자가에서 고통당하시며 돌아가신 겁니까? 예수님이 십자가에서 고통당하고 계실 때 어떤 사람은 조롱을 했고 어떤 사람은 부인을 했으며 어떤 사람은 화를 냈습니다. 또 어떤 사람은 울며 슬퍼했습니다. 예수님은 이 모든 사람을 위해 기꺼이 십자가를 지셨습니다. 내가 누구든,

어떤 사람이든 상관없이 나를 구원하기 위해 십자가를 지셨습니다.

이것을 나의 사건으로 믿는 것이 믿음입니다. 그리고 예배는 십자가를 바라보는 것입니다. 십자가에서 울려 퍼지는 구원의 종소리가, 예수님의 절규와 외침이 나를 위한 것임을 깨닫는 것입니다. 예배는 십자가를 바라보며 주님 앞에 나아가는 것입니다. 그럴 때 나는 주님의 손 안에 붙들린바 되어 있는 것을 다시 한 번 경험하게 됩니다.

예배를 위한 기도

Prayer

살아 계신 주님, 죽어야 마땅한 죄인인 저를 대신해서 돌아가심에 감사드립니다. 십자가 위에서 "다 이루었다" 하시고 어느 누구도 우리를 주님의 손에서 빼앗아 갈 수 없다고 하신 주님의 말씀을 믿습니다. 전 세계가 코로나 바이러스로 인해 큰 위기 가운데 있으나 그 어떤 것도 주님의 손에서 우리를 빼앗아 갈 수 없습니다. 이것이 우리의 소망이요 미래임을 믿습니다. 십자가의 종소리, 구원의 종소리가 세계 곳곳에 울려 퍼지게 하옵소서.

십자가와 부활을 감사드리며 놀라우신 이름 예수님의 이름으로 기도합니다. 아멘

3부

가정을 세우는 건축 재료는 예배다

9장

예배로
가정을 디자인하라

신 6:4-9

당신의 가정은 안전합니까

코로나 사태가 장기화되고 아이들이 학교를 가지 못하는 상황이 지속되면서 가정불화가 잦아지고 있다고 합니다. '코로나 이혼'이라는 신조어까지 등장했다고 합니다. 다음은 어느 초등학생의 그림 일기입니다.

> "방학이 길어지자 엄마들이 괴수로 변했다. 그중에서 우리 엄마가 가장 사납다. 그래서 나는 아주 두렵고 무섭다. 그래서 나는 아주 고통스러운 삶을 살고 있다."

그런데 한국 사회에서 이런 현상이 일어나는 것이 비단 코로나 때문만은 아닐 것입니다. 우리나라 초등학생들의 행복감은 OECD 국가 중 22위로 사실상 꼴찌에 해당합니다.

최근 초등학생을 대상으로 '행복'에 대한 설문조사를 했는데, 초등학생의 23.9%가 '매우 행복하다'고 대답했다고 합니다. 반면에 '행복하지도 불행하지도 않다'가 38.9%로 가장 많았습니다. '불행한 것 같다'는 10%, '매우 불행하다'도 3.1%나 나왔습니다. 우리나라 초등학생의 절반 이상이 '나는 행복하다고 느끼지 못한다'고 대답한 것입니다.

이 결과로 볼 때, 입시 경쟁에 돌입하는 중·고등학생들의 행복감은 이보다 훨씬 떨어질 것으로 예상할 수 있습니다.

한편, '무엇이 이루어지면 행복할까?'를 묻는 질문에는 1위가 '공부를 잘하면 행복할 것 같다'로 무려 40%였습니다. 2위는 '돈이 많이 생기면'으로 25%, 3위는 '유명해진다면'으로 14%였습니다. 초등학생들의 행복 기준이 '공부, 돈, 명예'가 무려 80%라니, 좀 씁쓸해집니다.

그런데 이 같은 결과는 다음의 설문에서 그 이유를 찾아볼 수 있습니다.

'부모님들이 가장 많이 하는 이야기는 무엇인가?'라는 질문에 대해 초등학생의 46%가 '공부 좀 열심히 해라'라고 대답했습니다. 20%가 '정리 좀 하고 살아라'였습니다. 부모님이 가장 많이 하는 말 중에 '사랑한다'는 20%밖에 안 되었습니다. 아이들은 가정에서부터 행복하다고 느끼지 못할 뿐 아니라 행복하려면 조건을 충족해야 한다는 압력을 받고 있는 것입니다.

코로나로 인해 스피디(speedy)한 세상의 속도를 늦추게 만드는 요즘, 우리 가정을 돌아볼 좋은 기회입니다. 가정을 새롭게 디자인할 필요가 있습니다. 가정을 새롭게 세우는 건축 재료는 다름 아닌 '예배'입니다. 예배로 우리의 가정을 다시 디자인해야 하는 것입니다.

이스라엘 공동체는 4천 년의 역사를 가지고 있습니다. 그런데 AD 70년에 로마에 의해 예루살렘이 무너진 뒤 이스라엘은 전 세계로 흩어져 디아스포라의 삶을 살아야 했습니다. 더구나 홀로코스트 같은 끔찍한 핍박도 당했습니다. 그런 이스라엘이 2차 세계대전이 끝난 직후인 1947년 나라를 건국했습니다. 무려 2천 년 가까이 나라 없이 떠돌던 사람들이 모여 이스라엘이라는 나라를 건국한 것입니다. 이런 예는 예전에도 없었고 앞으로도 없을 것입니다.

그렇다면 과연 무엇이 이스라엘 백성으로 하여금 2천 년 가까이 그것도 뿔뿔이 흩어져 살면서 자기 정체성을 잃지 않게 한 것일까요?

많은 사람들이 이와 관련해 연구를 하고 논문을 발표했습니다. 그런데 어느 누구도 부인할 수 없는 비결은 유대인들이 지혜서인 탈무드와 모세오경의 성경을 가지고 자녀를 교육했다는 사실입니다.

유대인들이 금과옥조처럼 마음에 새기는 말씀이 있습니다. 바로 신명기 6장 4-9절입니다. 이를 '쉐마'라고 합니다. '쉐마'는 히브리어로 '들으라'인데, 4절 말씀을 히브리 원어로 해석하면 '들으라 이스라엘'입니다.

유대인들은 이 쉐마를 아침에 잠을 깨자마자 암송하고 저녁에 잠자리 들기 전에도 암송한다고 합니다. 뿐만 아니라 기도하거나 일상에서도 이 말씀을 암송합니다. 자녀가 병에 걸리거나 전쟁에 나가게 되었을 때도 이 말씀을 외우게 한다고 합니다. 그러니까 유대인들은 가정에서 신앙을 가르치고 실천하고 있는 것입니다.

유대인의 자기 정체성은 신앙교육이 이뤄지는 가정이 그 원천이라고 할 수 있습니다. 유대인들의 금과옥조인 '쉐마'를 중심으로 우리 가정을 새롭게 디자인하면 어떨까 싶습니다.

가정을 예배로 새롭게 디자인하려면 부모는 가장 먼저 자녀에게 하나님이 누구신지, 어떤 분이신지 가르쳐야 합니다

> 이스라엘아 들으라 우리 하나님 여호와는 오직 유일한 여호와이시니 _ 신 6:4

'들으라'(쉐마)의 가장 첫 번째는 하나님께서 우리의 하나님이시며 그분은 유일하신 참 하나님이라는 것입니다. 예배의 대상은 하나님 한 분이십니다. 이 사실을 분명히 하지 않으면 그것은 예배가 아닙니다. 그것은 종교적인 예식이고 나의 평안을 위한 도구에 지나지 않습니다.

자녀는 교회에서 배운 하나님을 집에서 엄마 아빠의 입을 통해 확인받고 싶어 합니다. 부모가 자녀에게 하나님을 가르치다 보면 자연스레 삶의 간증으로 이어지게 됩니다.

하나님은 창조주이시며 전능하시고 우리 삶의 주관자이심을 부모의 입을 통해 배울 때 아이들은 자기 문제를 내어놓게 됩니다. 왕따 문제, 정체성의 문제, 장래의 문제들을 부모와 상의하게 됩니다. 하나님께서 내가 마주한 문제들을 해결하실 수 있는지 부모에게 묻는 것입니다.

그런데 하나님은 '우리 하나님'입니다. 우리가 예배하는 대상은 단순히 성경의 하나님이 아니라 나의 하나님입니다. 자녀들이 말씀으로만 배운 하나님이 아니라 부모가 직접 경험한 하나님을 만나는 것은 부모에게 책임이 있습니다.

가정예배는 하나님이 어떤 분이신지를 부모가 가르쳐 주는 시간입니다. 그런 부모의 교육에는 하나님 말씀과 더불어 자녀를 변화시키는 엄청난 힘이 있습니다.

신명기 6장 1-3절 말씀은 모세가 가나안 정복을 앞두고 이스라엘 백성이 그 땅에 들어가서 말씀을 따라 살 것을 당부하는 내용입니다. 여기서 말씀이란 이보다 훨씬 전에 하나님께서 주신 십계명을 말합니다. 이스라엘 백성에게 십계명을 주신 하나님은 그들을 이집트 땅에서 해방시켜 준 하나님이며, 광야 생활 40년간 먹이고 입히시며 약속의 땅 가나안으로 인도하신 하나님입니다. 그 하나님이 주신 계명을 지킬 때 축복이 임할 것입니다.

부모는 모세가 이스라엘 백성에게 그랬듯이 자녀에게 엄마 아빠의 삶을 과거에도 지켜 주셨고, 현재도 지켜 주시며, 미래에도 지켜 주실 하나님을 가르쳐야 합니다.

가정을 예배로 새롭게 디자인하려면 부모가 하나님을 사랑하는 모습을 보여 주어야 합니다

한 서기관이 예수님을 찾아와 하나님이 주신 계명 중 가장 큰 것이 무엇이냐고 물었을 때, 예수님은 "네 마음을 다하고 목숨을 다하고 뜻을 다하고 힘을 다하여 주 너의 하나님을 사랑하라"(막 12:29-30)고 말씀하셨습니다. 바로 신명기 6장의 쉐마의 말씀을 인용한 것입니다.

> 너는 마음을 다하고 뜻을 다하고 힘을 다하여 네 하나님 여호와를 사랑하라 오늘 내가 네게 명하는 이 말씀을 너는 마음에 새기고
>
> _ 신 6:5-6

그런데 하나님이 어떤 분이신지를 자녀에게 가르칠 때, 부모가 반드시 명심할 것이 있습니다. 바로 부모가 그 하나님을 너무나 사랑한다는 것을 자녀가 알게 하는 것입니다. 이것이 예배로 가정을 디자인하기 위해 우리가 두 번째로 할 일입니다.

마음을 다한다는 것은 우리의 생각과 의지를 말하며, 뜻을 다한다는 것은 감정과 열정을 말하며, 힘을 다한다는 것은 우리의 활동과 능력을 말합니다. 그러므로 하나님을 사랑한다는 것은 우리가 전심으로 전인격적으로 주님을 사랑하는 것을 의미합니다.

부모가 삶과 예배로 하나님을 전심으로 사랑하는 것을 보여 줄 때 자녀는 그것을 보고 배우게 됩니다.

흑인 인권 운동가 마틴 루터 킹 주니어 목사는 미국에서 인종차별이 가장 심한 시간이 주일 11시라고 말했습니다. 가장 연합해야 할 시간에 백인과 흑인이 따로 예배를 드리기 때문입니다. 요즘 부모는 어른 예배를 드리고 자녀는 교회학교에서 예배를 드리는데, 그래서는 부모의 하나님 사랑을 이해하기 어렵습니다. 삶으로 터득하기 어렵습니다. 함께 예배드리는 것이 바람직합니다.

어렸을 때는 부모의 신앙을 전적으로 신뢰하고 따르게 됩니다. 그러나 점점 머리가 커지고 부모의 영향력이 줄어들면 부모의 신앙을 전적으로 따르지 않습니다. 그러다 세상의 한복판으로 들어가 살게 되면 자기방식으로 신앙생활을 하게 됩니다. 이때 부모의 하나님 사랑이 드러나게 됩니다. 하나님을 전심으로 사랑한 부모를 보고 자란 자녀는 신앙이 흔들리지 않습니다. 바른 가치관으로 세상을 살아가게 됩니다.

하나님 사랑은 단지 예배를 잘 드리는 것을 의미하는 것이 아닙니다. 이웃을 대하는 태도나 삶에서 우선순위를 정하는 모습, 언어 사용이나 물질관에서도 부모의 하나님 사랑을 알 수 있습니다.

따라서 가정예배를 가정에서 모여 예배드리는 것만으로 생각해서는 안 됩니다. 눈에 보이지 않는 하나님을 눈에 보이는 것처럼 사랑하는 삶의 모습이 곧 가정예배입니다.

삶에서 실패해도 하나님을 사랑하는 모습을 보여 주어야 합니다. 실수하고 허물을 보여도 다시 일어나 하나님을 경배하는 모습을 보여야 합니다. 자녀도 부모가 결코 완벽한 인간이 아니라는 것을 압니다. 아빠가 슈퍼맨이 아니고 엄마가 원더우먼이 아니라는 것, 우리 부모도 실언할 수 있고 흠이 많다는 것을 알고 있습니다. 그렇기에 다시 일어설 수 있는 부모의 힘이 어디서 나오는지 자녀는 알기를 원합니다.

> 여호와로 인하여 기뻐하는 것이 너희의 힘이니라 _느 8: 10

낙심되고, 실망스럽고, 절망이 될 때 하나님을 사랑하는 그 힘이 우리를 일으켜 세웁니다. 부모에게서 그 힘을 발견한 자녀는 어려움이 닥쳤을 때 절대 절망하지 않습니다. 위기가 닥쳤을 때 무릎을 꿇고 눈물로 기도하는 부모의 모습을 한 번이라도 본 자녀는 자신의 인생을 하나님 앞에 드릴 수 있습니다.

가정을 예배로 새롭게 디자인하려면 하나님 말씀을 가르치고 함께 나누어야 합니다

모세는 신명기 6장을 가르치기 전에 이스라엘 백성들에게 십계명을 가르쳤습니다. 십계명은 모든 율법의 근본입니다. 십계명의 가르침을 받은 백성에게 모세는 이제 '쉐마'(들으라)를 강조하면서 부모가 먼저 경험한 후에 자녀에게 가르치라고 명령합니다.

> 곧 너와 네 아들과 네 손자들이 평생에 네 하나님 여호와를 경외

하며 내가 너희에게 명한 그 모든 규례와 명령을 지키게 하기 위한 것이며 또 네 날을 장구하게 하기 위한 것이라 _ 신 6:2

자녀에게 하나님의 말씀을 온전히 가르치고 그것에 순종해서 살게 하는 책임은 부모에게 있습니다. 자녀가 많은 시간을 보내는 곳은 가정입니다. 가장 많이 소통하는 대상도 부모입니다. 교회학교는 부모의 보조 역할을 수행할 따름입니다. 따라서 교회학교에만 자녀의 신앙을 맡겨선 안 됩니다. 그래서 부모가 가정에서 자녀를 성경적으로 양육할 수 있도록 훈련시키는 것이 한국 교회가 당면한 사명이라고 생각합니다. 성경도 자녀를 가르치고 신앙으로 훈련할 이는 부모라고 분명히 말하고 있습니다.

네 자녀에게 부지런히 가르치며 집에 앉았을 때에든지 길을 갈 때에든지 누워 있을 때에든지 일어날 때에든지 이 말씀을 강론할 것이며 _ 신 6:7

평생에 좋은 목회자를 만나는 것은 매우 중요한 일입니다. 자녀가 좋은 전도사님, 좋은 목사님을 만나는 것은 그들의 삶을 바꿀 수도 있는 일입니다. 그런데 그보다 더 중요한 일은 삶으로 신앙의 모범을 보여 주는 부모를 만나는 일입니다. 자녀가 평생을 같이할 사람이 부모입니다.

요즘 아이들은 집에 앉아 있을 때나 길을 갈 때나 누워 있을 때나 언제든지 손에 핸드폰이 들려 있습니다. 부모는 가끔 자녀가 핸드폰으로 무엇을 보고 있는지 점검할 뿐 아니라 성경 애플리케이션을 깔아 주어 좋은 말씀들도 들려주면 좋습니다.

신명기 6장 7절에 "강론하라"는 말이 있습니다. 히브리어로 '디베르'이고 영어로는 'talk about'입니다. '무엇에 관하여' 강론하라는 뜻입니다.

유대인들은 탈무드를 공부할 때 '하브루타' 방식으로 공부합니다. '하브루타'의 문자적인 뜻은 '우정, 동료'라는 뜻인데, 서로 토론하고, 질문하고 논쟁하는 유대인의 전통적인 학습 방법입니다. 유대인 부모들은 특히 가정에서 자녀에게 하브루타 방식으로 강론했습니다. 따라서 그들의 실제적인 랍비는 부모였습니다. 부모는 랍비로서 아이들을 가르치고 강론했습니다.

아이들이 자랄 때는 마음껏 질문할 수 있는 환경을 만들어 주는 것이 중요합니다. 함께 고민하고, 함께 토론하고, 함께 도전하고…. 그런데 사실 생각해 보면 아이가 그런 것을 안정감 있게 할 수 있는 완벽한 장소는 가정입니다. 학교도 아니고 교회도 아닙니다. 가장 신뢰할 만한 엄마의 품에서 가장 안정감 있게 말씀을 가지고 토론할 수 있는 것입니다.

가정을 예배로 새롭게 디자인하려면 말씀에 순종하는 것이 예배의 완성임을 가르쳐야 합니다

너는 또 그것을 네 손목에 매어 기호를 삼으며 네 미간에 붙여 표

로 삼고 또 네 집 문설주와 바깥 문에 기록할지니라 _신 6:8-9

8절에서 말씀을 매라고 했는데, 유대인들은 실제로 손에 감고 다니는 테필린에 쉐마의 말씀을 새기고 다녔습니다. 손은 우리의 마음과 생각이 드러나는 곳입니다. 이마의 미간은 우리의 생각, 결정, 사고를 상징합니다. 말씀을 미간에 붙이라는 것은 하나님의 말씀을 모든 결정의 기준으로 삼으라는 의미입니다.

문설주와 바깥문에도 말씀을 기록하라는 것은 집에 들어오고 나갈 때에도 하나님의 말씀을 묵상하라는 의미입니다. 온 집안을 하나님 말씀의 영향력 아래 두라는 것입니다.

종합해 볼 때 신명기의 말씀은 가르침을 받고, 듣고 토의한 것들을 삶에서 실천하고 순종하라는 것입니다.

진정한 예배는 축도가 끝나는 순간부터 시작된다는 말이 있습니다. 그렇다면 예배의 완성은 들은 말씀을 삶에서 순종하는 것입니다.

하나님은 이스라엘 백성에게 가나안 땅에 들어가서 하나님의 율법을 자녀들에게 분명히 가르치라고 명령하십니다. 왜냐하면 그것이 그들이 가나안 땅에서 영적으로 승리하는 비결이며, 하나님의 축복을 받는 지름길이기 때문입니다.

이스라엘아 듣고 삼가 그것을 행하라 그리하면 네가 복을 받고 네 조상들의 하나님 여호와께서 네게 허락하심같이 젖과 꿀이 흐르

는 땅에서 네가 크게 번성하리라 _ 신 6:3

말씀을 들은 대로 순종해서 삶으로 살아 내면 크게 번성할 것이라고 말씀하십니다. 축복의 말씀입니다. 그런데 자녀가 받은 축복은 온 집안으로, 온 민족으로 확대되는 축복입니다. 예배의 성공이 인생의 성공이고, 자녀양육의 성공이 곧 교회 공동체의 성공입니다. 이 성공의 시작은 바로 가정입니다. 부모의 가르침에서 시작되는 것입니다.

마땅히 행할 길을 아이에게 가르치라 그리하면 늙어도 그것을 떠나지 아니하리라 _ 잠 22:6

예배로 가정을 디자인하려면

첫째, 하나님이 어떤 분이신지를 가르치십시오.
둘째, 하나님을 사랑하는 것을 보여 주십시오.
셋째, 하나님 말씀을 가르치고 함께 나누십시오.

코로나 사태로 인해 모든 것이 일순 멈춰 버린 것 같은 이때에 가장 먼저 눈에 들어오는 사람들이 가족입니다. 가장 많은 시간을 함께 보내고 또 가장 친밀한 사람이 가족이니까요. 가족은 함께 방에 있으면서 서로 대화를 해도 마스크를 쓰지 않는 유일한 공동체입니다. 그러면서 자녀들은 '엄마와 아빠가 이렇게 살고 있구나, 그런 생각을 가지고 있구나'를 새삼 발견하게 됩니다.

하나님이 주신 가장 작은 공동체인 가정이 말씀으로 살아내는 삶의 예배를 드릴 때 우리의 아이들이 살아나고, 그 아이들이 살아갈 사회가 변화될 것입니다.

예배를 위한 기도

Prayer

살아 계신 하나님, 모든 것을 잃어버린 것 같은 이때에 하나님을 예배하는 것이 얼마나 소중한지를 가정에서부터 알게 하심을 감사드립니다. 우리의 가정이 예배로 다시 회복될 수 있도록 하옵소서. 마지막을 살아가는 우리 아이들이 하나님을 예배하는 자로 살아갈 수 있도록 축복하여 주옵소서.

우리를 구속하신 예수 그리스도의 이름으로 기도합니다. 아멘

10장

부모 공경과 예배는 밀접하다

요 19:25-27

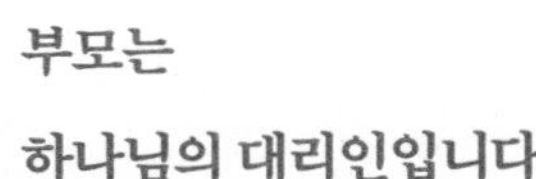

부모는 하나님의 대리인입니다

'어머니의 마음'이라고 널리 알려진 곡이 있습니다. 남해 양주동 선생이 시를 쓰고, '봄이 오면'을 작곡하고 숙명여대 음악학장을 지낸 이흥렬 선생이 곡을 붙인 노래입니다.

낳실 제 괴로움 다 잊으시고
기르실 제 밤낮으로 애쓰는 마음
진자리 마른자리 갈아뉘시며
손발이 다 닳도록 고생하시네
하늘 아래 그 무엇이 넓다 하리요
어머님의 희생은 가이없어라

어려선 안고 업고 얼려 주시고

자라선 문 기대어 기다리는 맘
앓을사 그릇될사 자식 생각에
고우시던 이마 위에 주름이 가득
땅 위에 그 무엇이 높다 하리오
어머님의 정성은 지극하여라

사람의 마음속엔 온 가지 소원
어머님의 마음속엔 오직 한 가지
아낌없이 일생을 자식 위하여
살과 뼈를 깎아서 바치는 마음
이 땅에 그 무엇이 거룩하오리
어머님의 사랑은 그지없어라

이 시와 곡은 일제치하인 1930년대에 만들어졌습니다. 나라 잃은 설움도 설움이지만 미래를 잃어버린 자녀를 바라보는 부모의 마음은 더 미어졌을 것입니다.

'어머니', 아니 '엄마'는 언제 불러도 가슴 찡한 말입니다. 우리가 이 땅에서 사는 동안 겪는 무수한 어려움과 고통 중에도 어머니의 품은 피할 안식이 됩니다. 하나님은 우리에게 세상에서 가장 편안한 어머니의 품을 주셨습니다.

예수님도 성령으로 마리아에게 잉태되신 뒤 어머니 마리아의 품에서 자랐습니다. 우리가 겪은 영아기와 유아기, 청소년기, 청년기를 예수님도 겪으셨습니다. 그렇기에 예수님은 우리 인생을 깊이 이해하십니다. 이는 아담의 범죄 이후 우리의 구원 계획을 세우신 하나님의 뜻이었습니다.

> 무릇 내게 오는 자가 자기 부모와 처자와 형제와 자매와 더욱이 자기 목숨까지 미워하지 아니하면 능히 내 제자가 되지 못하고
> _ 눅 14:26

이 말씀은 믿는 사람이 부모 공경을 게을리하고 가정을 소홀히해도 되는 것으로 오해하기 좋은 말씀입니다. 하지만 이 말씀을 자세히 보면, 자기 목숨까지 미워하라고 합니다. 이는 인생의 우선순위를 하나님 사랑에 두라는 의미입니다. 하나님을 예배하는 것을 가장 우선순위에 두라는 말씀입니다. 결코 부모나 가정을 소홀히하라는 의미가 아닙니다.

기독교는 오히려 부모 사랑을 세상의 어느 도덕 규범보다 더 강조합니다.

십계명의 1~4계명은 하나님과의 관계를, 6~10계명은 이웃과의 관계를 규정하고 있습니다. 그런데 이 둘 사이에 있는 것이 제5계명입니다. 바로 "네 부모를 공경하라 그리하면 네 하나님 여호와가 네게 준 땅에서 네 생명이 길리라"입니다. 이는 하나님 외에 가장 먼저 공경해야 할 대상이 부모임을 강조하고 있습니다.

부모를 왜 공경해야 합니까?

가장 큰 이유는 '부모는 눈에 보이지 않는 하나님께서 우리

에게 주신, 눈에 보이는 대리인'이기 때문입니다. 싫건 좋건 간에 하나님은 우리의 생명을 육신의 부모를 통해 이 땅에 태어나게 하셨습니다. 하나님의 대리인으로 우리에게 부모를 주신 것입니다. 눈에 보이는 부모에게 공경의 의무를 다하지 못하면서 눈에 보이지 않는 하나님을 경외하고 사랑하기는 어렵습니다.

예수님은 십자가에서 고통스러운 순간에 일곱 마디를 남기셨는데, 이를 가상칠언이라고 합니다. 요한복음 19장 26-27절은 그중 세 번째 말씀입니다. 그 말씀을 하시기 전, 예수님께서 운명하시기 직전에 예수님 주변에 몇몇 사람들이 모여들었습니다.

> 예수의 십자가 곁에는 그 어머니와 이모와 글로바의 아내 마리아와 막달라 마리아가 섰는지라 _ 요 19:25

예수님이 죽기 전 마지막 순간에 가장 가까이에 있던 인물이 육신의 어머니 마리아입니다. 고통스러운 십자가 형벌을 받는 아들을 바라보는 어머니의 심정이 얼마나 고통스러웠겠습니까? 부모가 가장 고통스러울 때가 사랑하는 자녀가 자신이 보는 앞에서 고통스러워하는데 아무것도 해줄 수 없을 때입니다.

마리아가 누구입니까? 어느 누구보다 아들 예수의 비밀을 잘 알고 있는 사람입니다. 마리아는 예수님이 하나님의 성령으로 잉태되어 세상을 구원하기 위해 이 땅에 오신 하나님의 아들이라는 사실을 누구보다 잘 알고 있습니다. 그렇기에 마리아는 그 고통스러운 순간에도 예수님이 걸어갈 길을 위해 끊임없이 기도하고 있었을 것입니다. 예수님은 마리아의 아들이지만 인류를 구원하기 위해 이 땅에 오신 메시아이기 때문입니다.

예수님은 어머니 마리아의 심정이 어떤지 잘 알기에 마지막 숨을 몰아쉬며 어머니에게 말씀하십니다.

> 예수께서 자기의 어머니와 사랑하시는 제자가 곁에서 있는 것을 보시고 자기 어머니께 말씀하시되 여자여 보소서 아들이니이다 하시고 _ 요 19:26

사람이 죽기 전에 하는 말은 어떤 말보다 진실하며 진심일 수밖에 없습니다. 그 장엄하고도 엄숙한 순간에 예수님은 육신의 어머니 마리아를 보면서 "어머니, 보십시오, 당신의 아들이 여기 있습니다"라고 말씀하십니다. 여기서 아들은 예수님이 아니라 사도 요한입니다.

> 또 그 제자에게 이르시되 보라 네 어머니라 하신대 그때부터 그 제자가 자기 집에 모시니라 _ 요 19:27

예수님은 죽음이 임박한 그 고통스러운 순간에도 어머니 마리아를 염려하셔서 요한에게 어머니 마리아를 돌봐달라고 부탁하십니다. 요한은 열두 제자 중에 가장 어렸을 것으로 보는데, 그는 자신을 가리켜 '예수님이 사랑하는 자'라고 소개합니다. 그리고 요한은 예수님의 이 부탁을 평생 성실하게 지켰습니다.

전승에 의하면 마리아는 90세까지 살았다고 합니다. 당시는 여자가 13~15세가 되면 시집을 갔습니다. 마리아가 열일곱 살에 예수님을 낳았다면 예수님이 33세에 돌아가셨으니 마리아의 나이는 대략 50세 안팎이었을 것입니다. 그렇다면 요한이 마리아를 친어머니처럼 모신 것이 무려 40년 가까이 되었을 것입니다.

요한의 사명

예수님은 십자가에서 돌아가신 뒤 3일 만에 부활하셔서 낙심 중에 있는 제자들을 찾아가셨습니다. 그리고 하늘로 승천하시며 성령을 보내겠다고 약속하셨습니다. 예수님은 약속대로 오순절에 성령을 보내서 제자들로 하여금 성령의 능력을 입게 하셨습니다.

성령의 능력을 입은 제자들은 이후 복음을 전하는 전도자로 살게 되었습니다. 당시 예수님을 전한다는 것은 죽음을 불사할 만큼 위험한 일이었습니다. 하지만 제자들은 더 이상 예수님을 부인하며 도망가는 연약하고 비겁한 자들이 아닙니다. 그들은 예루살렘을 넘어 유다와 사마리아와 땅끝까지 이르러 복음을 전하는 사람이 되었습니다. 예수의 이름으로 사람을 변화시키는 아주 멋진 사람이 된 것입니다. 도마는 인도까지 가서 복음을 전하였고, 베드로는 복음을 전하다 예수님처럼 십자가형을 당하는 순교를 했습니다.

그런데 다른 제자들에 비해 다소 소극적으로 복음을 전한 제자가 있습니다. 바로 요한입니다. 요한은 예수님의 어머니 마리아를 자신의 어머니로 모시는 것을 자신이 해야 할 가장 중요한 사명이라 여겼습니다. 그랬기에 다른 제자들과 달리 복음을 전하러 멀리 나가지 않았습니다.

오래전에 한 뉴스에서 어느 50대 후반의 부부 이야기를 다룬 적이 있습니다. 부부는 18평이 채 되지 않는 집에서 살면서 8명의 할머니 할아버지를 모시고 있었습니다. 더 놀라운 것은 그 할머니 할아버지들이 자식한테 버림받은 장애인들이라는 사실입니다. 부부는 방이 없어 부엌에서 잠을 자면서도 8명의 노인들을 하나님이 주신 부모로 여기며 봉양하고 있었습니다.

요한은 예수님이 맡기신 일을 결코 게을리하지 않았습니다. 40년 가까운 세월을 한결같이 마리아를 자신의 어머니로 알고 봉양했던 것입니다.

다른 제자들이 사명을 따라 곳곳에 하나님 나라를 전파한다는 소식을 들었을 때 요한의 마음은 어땠을까요? 요한도 성령을 받아 복음을 전하고 싶은 사명감에 불탔을 것입니다. 요한은 열두 제자 중에서도 리더 그룹에 속했고, 누구보다 야망이

켰던 인물입니다.

하지만 요한은 예루살렘 근교에서 마리아를 돌보며 살았습니다. 예수님께서 요한에게 마리아를 맡기실 때 요한의 나이는 서른이 조금 못 되었을 것입니다. 마리아가 소천할 즈음엔 요한도 이미 일흔을 바라보는 고령이었습니다. 당시 평균 수명이 40세인 것을 감안하면 이미 인생의 황금기를 지난 때입니다. 다른 제자들은 이미 순교해서 이 세상을 떠난 뒤이기도 합니다.

유대인 역사가 유세비우스에 의하면, 요한은 AD 70년 예루살렘이 멸망하기 전인 65년경, 지금의 터키 서부에 위치한 항구 도시인 에베소로 사역지를 옮겼습니다. 에베소교회는 AD 52년경 사도 바울이 개척을 하고, 후에 디모데가 섬겼던 교회입니다. 바울도 디모데도 이미 순교로 세상을 떠난 상태입니다.

에베소에 오면서 사도 요한은 어머니 마리아도 모시고 왔습니다. AD 431년 에베소 공의회 기록에 의하면, 요한이 마리아를 위해 집 한 채를 지어 주었다는 기록이 있습니다. 지금도 에베소의 기독교 유적지에는 마리아가 살던 집이 기념으로 보전되어 있습니다.

요한이 받은 축복

그렇게 에베소교회에서 사역을 하던 요한은 마리아가 소천하자 AD 85~90년경에 요한일·이·삼서를 집필합니다.

요한은 성격이 불같아서 예수님이 '우뢰의 아들'이라는 별명까지 주었습니다. 그런 요한이 마리아를 봉양하면서 성품도 바뀌었습니다. 그는 요한일서에서 "하나님은 사랑이시라"고 고백하고 있습니다.

> 사랑하는 자들아 우리가 서로 사랑하자 사랑은 하나님께 속한 것이니 사랑하는 자마다 하나님으로부터 나서 하나님을 알고 사랑하지 아니하는 자는 하나님을 알지 못하나니 이는 하나님은 사랑이심이라 하나님의 사랑이 우리에게 이렇게 나타난 바 되었으니 하나님이 자기의 독생자를 세상에 보내심은 그로 말미암아 우리를 살리려 하심이라 사랑은 여기 있으니 우리가 하나님을 사랑한 것이 아니요 하나님이 우리를 사랑하사 우리 죄를 속하기 위하여 화목 제물로 그 아들을 보내셨음이라 사랑하는 자들아 하나님이 이같이 우리를 사랑하셨은즉 우리도 서로 사랑하는 것이 마땅하도다 _ 요일 4:7-11

요한은 그로부터 몇 년 뒤 요한복음을 집필하게 됩니다. 요한복음은 다른 공관복음과는 다른 깊이와 사유를 보여 주는 책입니다. 요한은 '말씀, 생명, 빛, 진리, 사랑'이라는 주제로 예수님이 진정한 하나님의 아들임을 역설하고 있습니다.

> 하나님이 세상을 이처럼 사랑하사 독생자를 주셨으니 이는 그를 믿는 자마다 멸망하지 않고 영생을 얻게 하려 하심이라 _ 요 3:16

니고데모가 밤에 예수님을 찾아왔을 때, 마태와 마가, 누가는 기록하지 않은 이 말씀을 요한이 기록하였습니다. 요한은 예수님이 주신 사명을 끝까지 완수하면서 신앙이 깊어지고 인격이 변화되었습니다.

AD 94년경 그리스도인들을 핍박한 도미티아누스 황제 시절에 요한은 에베소에서 붙들려 고문을 당한 뒤 밧모섬에 유배를 가게 됩니다. 그곳에서 고령의 나이에 돌을 나르는 중노동을 하면서, 그는 하나님이 주시는 불꽃 같은 계시로 성경의 마지막 책인 요한계시록을 받아쓰게 됩니다.

요한계시록 없이 우리는 미래를 소망할 수 없습니다. 하나님은 요한계시록에서 백성의 아픈 눈물을 닦아 주시며 마지막 때에 있을 구원의 소망을 주셨습니다.

요한은 한때 예수님의 사역에서 빛이기보다 그림자처럼 가려지는 듯했으나 하나님은 결국 그를 가장 귀하게 사용하셨습니다.

우리는 요한의 삶에서 무엇을 배울 수 있을까요?

요한은 예수님의 어머니 마리아를 40년간 봉양하면서 인생을 깊이 묵상했습니다. 하나님은 어째서 다른 제자들은 크게 사용하시면서 내게는 노모 한 사람을 봉양하는 작은 소임을 주신 것일까, 고민했을 것입니다. 그러다 한 영혼을 사랑하는 것이 무엇인지 깊이 깨닫게 되었을 것입니다. 그리고 요한은 이 시간을 통해 다른 제자들과 달리 말씀에 집중함으로써 하나님을 사랑하고 예배하는 법을 배웠을 것입니다. 그 결과가 요한복음과 요한일·이·삼서, 요한계시록입니다.

우리 중에도 부모님을 오랜 시간 모시는 분도 있고, 병드신 부모님의 수발을 드는 분도 있습니다. 한편, 부모님을 일찌감치 여읜 분들도 있지요. 때때로 삶이 지치고 힘들 때면 왜 나는 이런 부모를 만났을까 원망스럽기도 할 것입니다. 하지만 하나님은 그 힘든 시간을 무위로 만드시는 분이 아닙니다. 절대 당연한 것으로 여기며 모른 체하시지 않습니다. 우리는 하나님을 예배하는 것과 부모님을 공경하는 것이 깊은 연관성이 있음을 잊지 말아야 합니다.

흥미롭게도 요한이 마지막으로 목회한 에베소교회에 바울이 보낸 편지인 에베소서에는 이런 글이 쓰여 있습니다.

> 자녀들아 주 안에서 너희 부모에게 순종하라 이것이 옳으니라 네 아버지와 어머니를 공경하라 이것은 약속이 있는 첫 계명이니 이로써 네가 잘되고 땅에서 장수하리라 _ 엡 6:1-3

하나님은 순종한 요한을 이 말씀의 약속대로 축복하셨습니다. 요한은 밧모섬에서 풀려나 다시 에베소교회로 돌아왔습니다. 전승에 의하면 요한은 계속되는 핍박 속에서 독사의 굴에 던져지기도 하고, 매를 맞기도 하고, 펄펄 끓는 가마솥 물에 던져지기도 했다고 합니다. 하나님은 그때마다 요한을 다시 일으키셔서 AD 100년까지 살게 하셨습니다. 요한은 그의 나이 95세까지 살면서 후배들을 양성했습니다.

부모 공경은
하나님의 명령입니다

지금까지의 내용을 정리하면 다음과 같습니다.

예배로 가정을 디자인하려면 가장 먼저 눈에 보이는 부모님을 공경해야 합니다

부모님은 하나님의 대리인입니다. 부모님을 공경하면 하늘문을 열어 주시고 많은 상급을 부어 주실 것입니다.

부모님을 공경하는 시간들 속에서 하나님이 주시는 특별한 통찰력이 있습니다

인생의 통찰력을 얻는 사람이 성공합니다. 가족을 사랑하는 것이 인생에서 가장 큰 성공입니다.

하나님을 예배하는 것과 부모님을 공경하는 것이 깊은 관계가 있음을 잊지 마십시오

평생을 누워 계신 부모님을 봉양하는 사람들을 보았습니다. 그들은 눈에 보이지 않는 하나님 역시 뜨겁게 사랑했습니다.

"보라 네 어머니라, 보라 네 아들이라"는 하나님의 음성을 들으십시오

현대인은 너무 바쁩니다. 부모님께 꽃 한 송이 달아 드리기도 힘들 만큼 바쁩니다. 하지만 하나님은 우리에게도 "보라, 네 어머니라"고 말씀하십니다. 살아 계실 때 부모님을 공경하십시오. 뿐만 아니라 나의 육신의 어머니가 소천하셨더라도, 우리 주변에 봉양해야 할 어머니가 참으로 많습니다.

더 나아가 자녀가 없다면 "보라 네 아들들이다. 보라 네 딸들이다"라고 말씀하시는 하나님의 음성을 들으십시오. 우리 주변에 돌봐야 할 자녀들이 참으로 많습니다.

우리는 예수 그리스도의 보혈 안에서 한 가족이 되었습니다. 신앙의 어머니는 내 자식들뿐만 아니라 하나님께서 맡겨 주신 자녀들을 내 자식처럼 기도해 주어야 합니다. 그것이 교회 공동체입니다.

우리는 모두 하나님의 음성을 들어야 합니다. "보라 네 어머니라." "보라 네아버지라." 어머니는 하나님께서 우리에게 주신 마음의 고향입니다. 어머니의 품은 우리의 머리털까지 세시는 하나님의 모성애, 즉 하나님의 성품을 닮았습니다. 어머니를 통해 하나님의 사랑을 깨닫기를 바랍니다.

예배를 위한 기도

Prayer

살아 계신 하나님, 사도 요한이 예수님의 말씀을 따라 어머니 마리아를 충실하게 돌본 것처럼, 우리도 작은 것에 충성을 다하는 사람들이 되게 하여 주옵소서. 그리하여 주님의 놀라운 사랑을 평생을 통해 경험하는 우리가 되기를 간절히 바랍니다.

하나님, 이 땅에 이주 노동자들이 참으로 많습니다. 다문화 가정도 많습니다. 그들에게 복음이 들어가서 그들이 이 땅에서 하나님의 역사에 쓰임 받기를 간절히 원합니다. 주님께서 물 붓듯이 부어 주시는 사랑을 통하여 그들이 회복된 가정으로 모범이 될 수 있도록 축복하여 주옵소서.

예수 그리스도의 이름으로 감사하며 기도합니다. 아멘

11장

아버지의 예배가 회복되어야 한다

갈 4:1-7

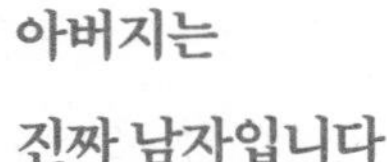

아버지는 진짜 남자입니다

아버지 하면 무엇이 생각나십니까? 저는 한 그루의 큰 나무가 떠오릅니다. 당신의 아버지가 체격이 크든 작든, 키가 크든 작든, 힘이 세든 약하든 그것은 중요하지 않습니다. 모든 아버지는 커다란 나무 같은 존재입니다. 어머니의 사랑이 깊고 희생적이라면 아버지의 사랑은 강하고 넓습니다. 아버지는 숲의 큰 버팀목과 같은 존재입니다.

그래서인지 아버지들은 책임감이 강합니다. 그런 만큼 부담감도 큽니다. 그 탓에 한국의 남자들은 그다지 행복하지 않은 것 같습니다. 실제로 우리나라 40대 남성 사망률은 세계 1위입니다. 40~50대 남자의 사망률은 같은 나이의 여자 사망률보다 3.3배 높습니다.

미국 이민 1세대는 정말 고생을 많이 했습니다. 특히 남자들은 안 해본 게 없을 만큼 닥치는 대로 일을 했습니다. 자녀의 교육을 위해 한국에서 잘나가는 직장을 버리고 이민 와서 온갖 허드렛일을 다한 것입니다.

아내와 자녀들은 남편과 아버지가 가족을 먹여살려야 한다는 책임감 때문에 정말 하고 싶지 않은 일도 한다는 사실을 알아줘야 합니다. 그 남편과 아버지에게 감사해야 합니다.

아버지의 직업이 무엇이든 그것은 중요하지 않습니다. 아버지는 아버지라서 그 어깨가 엄청 무겁습니다.

어머니가 자녀를 낳고 키우는 데 많은 시간을 할애한다면, 아버지는 그 자녀가 안전하게 자라도록 그 환경을 만드는 역할을 합니다. 물론 어머니가 가정경제를 책임지는 가정도 있습니다. 대개의 가정이 그렇다는 것입니다. 가정을 돌보느라 수고하는 아버지들에게 다음과 같은 격려를 보내고 싶습니다.

- 하나님이 당신을 믿고 한 가정의 아버지로 세우신 것을 감사하십시오.
- 하나님이 당신을 믿고 일을 맡겨 주신 것을 감사하십시오.
- 하나님이 당신을 믿고 아름다운 아내를 허락하신 것을 감사하십시오.
- 하나님이 당신을 믿고 귀한 자녀들을 허락하신 것을 감사하십시오.
- 하나님이 당신을 믿고 교회의 일(사명)을 맡겨 주신 것을 감사하십시오.

남자아이들은 사춘기에 접어들면서 육체적으로 정신적으로 남자가 되어 가는 것 같습니다. 키가 자라고 목소리가 굵어지고 운동에 관심이 많고 근육을 키우고 여자아이들이 예뻐 보이는 변화가 이 시기에 일어납니다.

제 아들이 네다섯 살 무렵에 메추라기알 크기도 안 되는 알통을 뽐내며 "아빠 이것 보세요" 하고 자랑했습니다. 아무리 어려도 자신이 남자라는 사실을 인정받고 싶어 합니다.

그런데 진짜 남자가 된다는 것은 힘이 세고 근육이 생기는 것이 아닙니다. 정말 남자가 되려면 내면이 남자다워야 합니다. 그리고 무엇보다 중요한 것은 진짜 남자됨을 하나님으로부터 배워야 합니다. 하나님의 남자들이 되어야 비로소 남편이 될 수 있고, 아버지가 될 수 있습니다. 단순히 근육을 키우고, 좋은 직장에 다니고, 아이들과 놀아 주는 것으로는 진짜 남편도, 진짜 아버지도 될 수 없습니다.

진짜 남자가 된다는 것이 무엇일까요?

하나님도 아버지로서 우셨습니다

저는 성경의 인물 중 자식을 잃어버린 고통 때문에 슬퍼하는 아버지들을 찾아보았습니다. 아브라함이 이삭을 산 제물로 바치고자 했을 때 얼마나 고통스러웠을까요? 정말이지 죽기보다 힘든 일이었을 것입니다.

다윗은 밧세바와 동침해 낳은 아이가 죽었을 때 3일을 먹지 고 않고 자지도 않았습니다. 반역을 일으켜 아버지 다윗에 맞선 배은망덕한 압살롬이 죽었을 때도 다윗은 “내 아들 압살롬아! 내가 대신 죽었어야 했는데…”라고 탄식했습니다.

야곱은 아들 요셉이 들짐승에 의해 죽었다는 말을 들었을때 통곡했습니다. 남자는 보통 잘 울지 않습니다. 어렸을 때부터 남자는 울면 안 된다는 교육을 받아서 더 그럴 것입니다.

왜 남자는 울면 안 된다고 가르친 것일까요?

아버지가 울면 온 가족이 흔들리기 때문입니다. 아버지는 그래서 울지 못하는 게 아니라 울음을 참는 것입니다. 아버지라는 무게가 그렇게 큰가 봅니다.

그런데 하나님 앞에서는 얼마든지 울어도 괜찮습니다. 아니 하나님 앞에서는 울음을 참아선 안 됩니다. 많은 남자들이 “목사님 제가 원래 잘 안 우는데 왜 우는지 모르겠습니다” 하고 제게 말합니다. 이유는 단순합니다. 하나님께서 나의 아버지이기 때문에 우는 것입니다. 슬픈 일을 당하면 크게 우십시오. 아버지 앞에서는 괜찮습니다. 울고 싶을 때 울어야 몸도 마음도 건강해집니다.

저는 남자로서 또한 아버지로서 하나님 아버지의 마음을 생각해 보았습니다. 하나님 아버지는 독생자인 아들을 이 땅에 보내시고 결국 그 아들이 십자가에서 고통스럽게 죽는 것을 지켜보셨습니다. 그때 아버지 하나님의 심정이 어땠을지 상상이 안 됩니다.

때가 차매 하나님이 그 아들을 보내사 여자에게서 나게 하시고 율법 아래에 나게 하신 것은 _ 갈 4:4

하나님의 때가 무르익어서, 하나님이 정하신 시간에 하나님은 그의 아들 예수님을 이 땅에 보내셨습니다. "율법 아래"란 쉽게 말해 율법의 영향력 아래 있다는 의미입니다. 즉 아들을 인간의 몸을 입혀 이 땅에 보내셨다는 것입니다. 하나님의 아들이 인간처럼 사셔야 했으니, 부모된 하나님으로선 정말 견디기 힘든 고통이었을 것입니다.

하나님은 인격의 하나님입니다. 기쁨과 슬픔, 분노의 감정을 갖고 계신 인격의 하나님입니다. 그럼에도 하나님은 기꺼이 자기 아들을 세상에 보내셔서 인간의 법 아래 살게 하셨습니다. 이것이 쉬운 일이라고 생각하십니까? 아닙니다. 절대 쉽지 않습니다.

그런데도 아들을 육신의 몸을 입혀 이 땅에 보내신 이유가 무엇입니까?

율법 아래에 있는 자들을 속량하시고 우리로 아들의 명분을 얻게 하려 하심이라 _ 갈 4:5

우리가 "율법 아래" 있다는 것은 죄 가운데 있다는 것입니다. 다음 말씀은 이 사실을 잘 설명해 줍니다. 좀 쉽게 현대인의 성경으로 보겠습니다.

> 여러분, 상속자는 모든 것의 주인이지만 어릴 때는 종이나 다름없으며 아버지가 정한 때까지는 보호자나 재산관리인 아래 있습니다. 이와 같이 우리도 어렸을 때는 유치한 유대교의 율법에 매여 종살이하고 있었습니다 _ 갈 4:1-3, 현대인의 성경

아들들이 어렸을 때는 비록 상속자이긴 하지만, 마치 종과 같이 자유가 없었다고 성경은 증언하고 있습니다. 바울은 이것이 우리가 믿지 않은 상태와 같다고 말합니다. 율법에 매여서 노예나 다름없는 삶을 산다는 것입니다. 하나님이 없는 인생은 죄의 영향력 아래에 있으므로 자유를 누리지 못합니다. 이것을 인정할 때 마음의 평안이 있습니다. 자유함이 있습니다.

하나님이 없는 인생은 하나님의 잃어버린 자녀입니다. 그런데 이 '잃어버렸다'는 말에 희망이 있습니다. 잃어버린 상태이지만 여전히 하나님의 자녀이므로 찾기만 하면 회복되기 때문입니다. 하나님은 이 잃어버린 자녀들을 구원하시고자 자기 아들 예수를 이 땅에 보내셨습니다. 죄가 없는 예수님께 우리 죄를 전가함으로써 우리가 하나님의 자녀로서 자유함을 누리도록 하신 것입니다.

사실 '잃어버린 자녀'란 하나님이 우리를 잃어버리신 것이 아니라, 우리가 하나님으로부터 도망간 상태입니다. 우리는 육

신의 부모에 의해 태어났지만, 우리의 영적인 아버지는 하나님입니다. 잃어버렸다는 것은 이 사실을 모른다는 의미입니다.

하나님이 우리의 아버지도 창조하셨고, 우리의 할아버지도 창조하셨고, 우리의 모든 조상들을 창조하신 분인데도 불구하고, 인간은 하나님을 모르는 상태에 있었습니다. 인간이 자신을 창조하신 하나님으로부터 도망친 상태, 그분을 외면하는 상태, 그것이 죄입니다

자기 아들을 이 땅에 내어줌으로 고통스러워하는 하나님의 눈물에는 먼저 잃어버린 자녀를 위해 흘린 눈물이 있었음을 이해해야 합니다.

아버지는 누구입니까

> 너희가 아들이므로 하나님이 그 아들의 영을 우리 마음 가운데 보내사 아빠 아버지라 부르게 하셨느니라 _ 갈 4:6

하나님은 아버지 없는 고아와 같은 우리에게 '아버지'라 부르게 하십니다. 아람어 'Abba'는 신기하게도 우리말 '아빠'와 발음도 비슷하고 뜻이 같습니다. 어린 자녀가 육신의 아버지를 '아빠'라고 부르듯이, 우리도 하나님을 '아빠'라 부르라 하신 것입니다. '어머니'보다 '엄마'가 더 정감이 있는 것처럼 '아버

지'보다 '아빠'가 더 친밀해 보입니다. 하나님은 우리와 친밀하게 지내고 싶어 하십니다.

몇 년 전 제가 미국에서 목회하고 있을 때입니다. 어느 흑인 아주머니 한 분이 갈 곳이 없어서 밤마다 저희 교회 주차장에 차를 세우고 두 아이와 함께 밤을 새웠다면서 도움을 요청했습니다. 두 아이는 하나는 열세 살이고 다른 하나는 서너 살로 아직 한창 돌봄이 필요한 때였습니다. 일단 먹을 것을 사서 근처 호텔에서 묵도록 하고 집에 있는 옷가지도 챙겨서 갖다 주었습니다.

그분은 남편으로부터 가정폭력을 당한 데다 남편이 그 일로 감옥에 가자 월세를 살던 아파트에서 쫓겨난 상태였습니다.

우리는 교회 구제헌금과 여러 사람이 십시일반으로 모은 돈으로 정부의 도움을 받을 때까지 그분과 아이들이 호텔에서 지내도록 했습니다. 다행히 얼마 후 정부의 지원을 받아 아파트를 구했고, 아주머니는 직장을 얻게 되었습니다.

첫째 아들 프레드릭은 농구를 잘했습니다. 그래서 저와 제 아들과 함께 농구를 종종 했습니다. 예배에도 나왔습니다. 어느 날 프레드릭이 농구를 하다가 저를 불렀습니다.

"Dad!"

저는 저의 귀를 의심했습니다. 그런데 다음에도 프레드릭은 저를 그렇게 불렀습니다. 프레드릭은 교회를 다녀 본 적도 없고, 목사가 누구인지도 몰랐기 때문에 저를 'Pastor!'(목사님)라고 부르지 않고, 그냥 '아빠'라고 불렀습니다.

제 마음이 얼마나 뭉클했는지 모릅니다. 그럼에도 저는 프레드릭에게 해줄 수 있는 게 아무것도 없었습니다. 프레드릭은 저를 아빠라고 불렀지만, 저는 아빠 역할도, 재산을 물려줄 수도 없었습니다.

하지만 하나님은 우리를 양자 삼으시는 데서 끝나지 않고 아버지로서 끝까지 책임져 주십니다.

> 그러므로 이제는 여러분이 종이 아니라 하나님의 아들입니다. 여러분이 아들이기 때문에 하나님은 여러분을 상속자로 삼으신 것입니다 _ 갈 4:7, 현대인의 성경

하나님의 자녀는 더 이상 죄의 노예가 아닙니다. 더 이상 율법 아래 있지 않습니다. 어두움에 속한 자녀가 아닙니다. 하나님의 자녀는 창조주 하나님을 '아빠'라고 부를 뿐 아니라, 하나님의 당당한 상속자입니다.

성경은 남자를 누구라고 말씀하고 있습니까? 먼저 남자됨의 정체성이 무엇인지 알아야 합니다.

남자됨의 정체성은 첫째, 하나님을 아버지라고 부를 수 있는 권세가 있다는 것입니다. 창조주 하나님을 아버지라고 부르는 것은 아버지가 가진 권세가 우리에게도 주어진다는 의미입니다. 그러므로 남자됨의 첫 번째 정체성은 우리가 하나님을 아버지라 부르는 자녀라는 사실입니다.

남자됨의 두 번째 정체성은 우리가 하나님의 상속자라는 것

입니다. 우리는 하나님의 자녀로서 창조주이면서 우주를 다스리는 하나님께서 주시는 상급을 누릴 자격이 있습니다.

이 정체성을 분명히 세운 뒤에 성경이 말하는 남자됨을 회복해야 합니다.

첫째, 남자는 하나님 아버지가 보여 주신 엄청난 희생을 배워야 합니다. 어떤 이유에서든 자식이 죽는 것은 감당하기 힘든 슬픔입니다. 그런데 하나님은 다른 자녀를 구원하기 위해 자기 자녀를 희생시키셨습니다. 우리 아버지 하나님은 가장 희생적인 행동을 십자가에서 실천해 보여 주셨습니다. 힘을 과시하고 큰소리로 위협하는 것이 남자가 아닙니다. 성경은 남자는 자기를 희생할 줄 아는 사람이라고 말하고 있습니다.

둘째, 남자됨은 그런 하나님을 만나는 담대함입니다.

아버지 역시 죄인이고 완벽하지 않습니다. 누구보다도 아내와 자녀가 아버지가 완벽하지 않다는 걸 너무나 잘 알고 있습니다. 이 사실을 인정하고 창조주 하나님을 '아빠 아버지'라고 부를 때 진정한 남자로서 살게 됩니다. 그러려면 하나님을 삶에서 만나는 담대함이 필요합니다. 하나님을 만나는 것이 곧 예배입니다. 예배가 회복되면 가정이 변화됩니다. 뿐만 아니라 교회 공동체가 변화됩니다. 사회가 변화됩니다. 지금은 그런 용기 있는 남자, 아버지가 필요한 시대입니다.

파코의 아버지가 되어 주십시오

헤밍웨이의 단편소설 《세상의 수도》(Capital of the World)는 스페인을 배경으로 한 아버지와 그의 아들 '파코'의 이야기입니다. 파코는 반항적이어서 아버지와 관계가 좋지 않았는데, 어느 날 화가 난 아버지가 그를 집에서 쫓아냈습니다. 하지만 아버지는 곧 후회를 하고 파코를 찾아 사방으로 다녔습니다. 아버지는 마지막으로 스페인의 유명한 마드리드 신문에 광고를 내기로 했습니다.

"Paco, all is forgiven. Meet me at the newspaper office at 9am tomorrow. Love, your father."(파코야, 모든 것을 용서한다. 내일 아침 9시 신문사 앞에서 우리 만나자. 너를 사랑하는 아빠가)

그런데 파코는 스페인에서 매우 흔한 이름입니다. 다음 날 아침 파코의 아버지가 마드리드 광장에 나가자 아버지의 용서를 바라는 600여 명의 아들이 기다리고 있었습니다. 저는 이 소설이 너무 인상 깊어서 스페인을 방문했을 때 일부러 마드리드 광장에 가보았습니다.

세상의 많은 자녀들이 깊은 절망 가운데 누군가에게 용서받기를 원하나 용서를 구할 온전한 대상을 찾지 못해 괴로워하고 있습니다.

아버지의 용서가 필요한 모든 남자들, 모든 자녀들이여! 골고다의 광장으로 모이십시오. 그리고 이렇게 불러 봅시다. "아빠 아버지!" 두 팔을 벌리고 우리를 받아 주시는 진정한 남자이신 하나님을 만나게 될 것입니다. 그분을 만나 하나님의 남자가 되어서 가정을 살리고, 교회를 새롭게 하며, 세상을 구원합시다.

남아프리카 크뤼에르 국립공원(Kruger National Park)에서 한때 멸절 위기에 처했던 코끼리가 많은 노력 끝에 오히려 그 수가 많아졌습니다. 동물원 관계자들은 일부 코끼리를 다른 공원으로 옮기기로 했습니다. 하지만 어른 수컷은 너무 커서 옮기지 못하고 암컷과 어린 코끼리들만 다른 곳으로 옮겨 놓았습니다.

그런데 새로운 환경에 온 어린 코끼리들에게 특이한 일이 벌어졌습니다. 어린 코끼리들은 평소와 달리 다른 동물을 괴롭히기도 하고, 사람들을 해치기도 했으며, 코뿔소를 들이받아 죽이기도 했습니다. 특히 15~18세의 청소년기 수컷 코끼리들이 이런 행동을 했습니다.

동물학자 밴 딕(Van Dyk)이 어린 코끼리들에게 무슨 일이 있는가 해서 연구한 결과 매우 중요하면서도 단순한 사실을 알아냈습니다. 바로 아빠 코끼리의 부재가 원인이었습니다. 놀랍게도 엄마 코끼리들의 사랑과 차분함은 이 시기 코끼리들에겐 거의 영향력이 없었습니다. 그래서 크뤼에르 공원에서 어른 수컷 코끼리 여섯 마리를 데려왔습니다. 아빠 코끼리들이 엉덩이를 씰룩거리고 꼬리를 흔들며, 앞다리에 힘을 주고 땅을 파면서 코를 힘차게 위로 들고 "뿌우…" 하며 외쳤습니다. 그러자 놀라운 일이 벌어졌습니다. 말썽을 피우던 어린 코끼리들이 정렬을 하며 질서를 찾기 시작하더니 더 이상 말썽을 피우지 않게 되었습니다. 아빠 코끼리들이 온 뒤로 코뿔소가 한 마리도 죽지 않았습니다. 동물들 사이에서도 남자됨이 필요한 것입니다. 하나님께서 그렇게 암컷과 수컷으로 창조하셨기 때문입니다.

하나님을 만남으로 성경적인 아버지가 된 사람은 "보라 네 아들이다"라고 말씀하시는 하나님의 음성을 들어야 합니다.

가톨릭에서는 '후견인'이 있습니다. 'God father'(대부)입니다. 개신교회에서도 회복되어야 할 단어라고 생각합니다. 우리 주변에는 수많은 '파코'가 있습니다. 그들은 함께 놀아 주고, 돌봐주며, 기도해 주는 아버지가 필요합니다. 우리가 그들의 아버지가 되어 주었으면 좋겠습니다. 하나님께서 우리의 아버지가 되어 주신 것처럼 말입니다.

예배를 위한 기도

Prayer

하나님, 성경적 남자됨의 정체성을 알려 주셔서 감사합니다. 예수 그리스도의 보혈을 담은 교회 공동체를 주셔서 감사합니다. 우리 모두가 말씀으로 치유되고 회복되고 격려받아서 자녀들의 아버지, 어머니가 되기를 바랍니다. 율법 아래 있지 아니하고 하나님의 영향력 아래 있으므로 사랑과 회복의 역사가 있기를 바랍니다.

예수 그리스도의 이름으로 감사하며 기도합니다. 아멘

12장

깨진 인생도 사용하신다

삿 11:1-11

'하나님은 나를 버리신 것일까?'

매주 화요일은 모든 교역자, 사역자들이 함께 모여 주일 말씀을 가지고 나눔을 가진 뒤 회의를 하고 있습니다. 교역자들과 사역자들로부터 특별한 간증을 많이 듣고 있는데 그 때문에 큰 은혜와 도전을 받고 있습니다.

어린 시절 이혼 가정에서 자라난 이야기를 솔직하게 나눈 목사님도 있었고, 10년째 치매를 앓고 계신 어머니를 봉양하는 목사님의 어려움도 듣게 되었습니다. 젊어서 허리를 다쳐 평생 허리가 굽어진 채로 사신 어머니를 부끄러워했던, 그래서 어머니께 죄송한 목사님도 있었습니다. 생명이 위험한 아버지를 위해 간을 이식한 목사님도 있었고, 가슴으로 낳은 자녀를 간증한 목사님도 있었습니다. 교회 사찰로 일하신 아버지가 교인들로부터 갖은 고난을 당하는 것을 보고 가능하면 교회와 먼 삶을 살고 싶었다는 목사님도 있었습니다. 부모님이 어린 시절에 돌아가셔서 부모님에 대한 기억이 없다는 목사님은 부모님이 살아 계신 것만으로도 감사해야 한다고 말했습니다.

제가 신학교에 입학하고 나서 깨달은 것이 하나 있습니다. 그것은 신학생들이 저마다 신학생이 될 수밖에 없는 사연이 있다는 것입니다. 신학생들 중에 인생의 고난과 역경을 겪어 보지 않은 사람이 없었습니다. 그 고난과 역경이 삶의 주관자가 하나님이심을 인정하게 만들었습니다.

미국의 6대 침례신학교 중 하나인 게이트웨이(Gateway) 신학교 총장인 제프 오지(Jeff Iorg) 박사가 제가 목회하던 미국 교회에 와서 부흥회를 한 적이 있습니다. 당시 부흥회 주제는 'God can use a broken family'(하나님은 깨진 가정도 쓰신다)였습니다.

제프 총장은 어려서 알코올중독 아버지로부터 가정폭력을 경험했다고 합니다. 영육간에 아프신 어머니를 가슴 아파하며 성장한 그는 하나님의 은혜로 목회자가 되었고, 지금은 신학생을 길러내는 신학교의 총장으로 쓰임 받고 있다고 말했습니다.

하나님은 온전한 가정에서 자란 사람만 사용하시지 않습니다. 물론 우리가 만들어 가야 할 가정은 성경적인 가정입니다. 서로에 대한 사랑과 기쁨이 충만한 가정입니다. 그런 가정을 만들기 위해 최선을 다해야 합니다. 또한 가정을 성경적으로 가꿔 갈 수 있는 배우자를 만나는 것도 중요합니다.

하지만 부모는 우리가 노력하거나 선택할 수 있는 것이 아닙니다. 모든 사람이 좋은 가정에서 자라면 좋겠지만 현실은 그렇지 못합니다. 그 가운데 아픔과 상처를 겪을 수밖에 없습니다. 그래서 불우한 환경에서 자란 자녀들은 이런 질문을 던지기도 합니다. '하나님은 나를 버리신 것일까?'

결코 그렇지 않습니다. 공평하신 하나님은 깨어진 가정도 사용하시고, 그런 가정에서 자란 사람도 들어 쓰십니다. 성경을 보면 하나님께서 그런 사람을 더 많이 사용하신 것을 알 수 있습니다.

버림받은 자,
입다

길르앗 출신의 입다가 바로 그런 사람입니다. 입다는 이스라엘 백성이 애굽에서 탈출해 광야 생활을 마치고 가나안을 정복한 뒤 이스라엘에 왕이 세워지기까지의 사사시대에 산 사람입니다.

'사사'란 히브리어 '쇼페팀'으로 '다스리다, 재판을 베풀다'라는 뜻입니다. 그런데 사사는 막스 베버가 지적했듯이 '하나님의 특별한 은총에 의해서 카리스마 즉 은사를 받은 자로서 이방 민족으로부터 백성을 구원하는 지도자'입니다. 단어의 의미대로 재판관, 심판관이 아닙니다. 때문에 사사는 왕도 아니고, 제사장도 아니지만 하나님이 직접 세우신 이스라엘의 영적 지도자입니다. 사사의 역할은 일종의 군대장관이라고 할 수 있습니다.

입다는 사사시대 열두 사사 중 여덟 번째 사사입니다. 그런데 그의 출신 배경이 우리를 매우 당황스럽게 만듭니다. 입다의 어머니는 기생이었다고 성경은 기록하고 있습니다. 다시 말해 몸을 파는 창기였던 것입니다. 지금도 그렇지만 당시에 창기는 사람 대접도 받지 못했습니다. 입다는 그런 어머니에게서 태어났을 뿐 아니라 아버지한테도 외면을 당했고 그의 배다른 형제들로부터 내쫓김을 당했습니다.

> 길르앗의 아내도 그의 아들들을 낳았더라 그 아내의 아들들이 자라매 입다를 쫓아내며 그에게 이르되 너는 다른 여인의 자식이니 우리 아버지의 집에서 기업을 잇지 못하리라 한지라 _삿 11:2

입다가 자란 곳도 길르앗이지만, 입다의 아버지의 이름도 길르앗입니다. 이로 추정해 볼 때 입다의 아버지는 동네에서 영향력이 있는 사람이었던 것 같습니다.

한편, 입다는 그 이름의 뜻이 '그(신)가 여신다'입니다. 여기서 신은 이스라엘의 하나님이 아니라, 가나안 신을 가리킵니다. 따라서 입다의 어머니는 가나안 사람이었을 것입니다.

입다를 세상에 나오게 한 그의 아버지는 그를 위해 어떤 보호자 역할도 해주지 않았습니다. 그는 말 그대로 무참히 버려진 사생아였습니다. 더구나 그의 배다른 형제들은 입다에게 생명의 위협까지 가했습니다. 그래서 입다는 이복형제들의 위협을 피해 돕 땅으로 도망해야 했습니다.

이복형제들은 왜 입다를 그렇게 미워했을까요? 물론 아버지가 가나안의 창기에게서 동생을 낳았다는 사실을 받아들일 수 없어서 입다를 미워했을 것입니다. 하지만 그들은 입다를 필요 이상으로 미워했습니다. 입다를 동네에서 쫓아냈을 뿐 아니라 찾아가서 생명을 해하려고까지 했습니다. 아버지의 재산이 입다에게도 갈 것을 염려했을 수 있습니다. 그런데 모든 조건을 볼 때 입다는 아버지의 재산을 물려받을 수 없었습니다. 왜 이복형제들은 그를 그토록 견제하고 미워한 것일까요? 다음 본문이 잘 설명해 줍니다.

> 길르앗 사람 입다는 큰 용사였으니 기생이 길르앗에게서 낳은 아들이었고 _삿 11:1

입다가 "큰 용사"라고 합니다. 마치 기드온을 연상시키는 구절입니다. 입다는 기골이 장대한 데다 용맹스럽게 싸움을 잘하는 사람이었습니다. 이복형제들은 입다의 출생도 미웠지만, 배운 것 없고 가진 것 없으면서도 용맹하고 지혜로운 입다를 두려워했던 것입니다.

> 이에 입다가 그의 형제들을 피하여 돕 땅에 거주하매 잡류가 그에게로 모여 와서 그와 함께 출입하였더라 _삿 11:3

입다는 형들을 피해 돕 땅에서 살았다고 합니다. 여기서 '잡류'란 흔히 말하는 시정잡배가 아닙니다. 돕 땅에는 당시 이스라엘 민족과 섞여서 살던 이방 민족이 있었습니다. 그들은 이스라엘이 가나안을 정복할 당시, 이스라엘의 출애굽 사건을 소문으로 듣고 이스라엘의 하나님이 진짜 하나님임을 인정해서 이스라엘 진영에 합류한 소수 민족입니다. 느헤미야서에도 성전 건축할 당시 이들의 존재에 대해 언급하고 있습니다.

이들은 오랜 시간 이스라엘 공동체에 스며 들어와 살고 있었으나, 이스라엘 민족의 배타성으로 인해 같은 민족으로 인정받지 못했습니다. 당연히 이스라엘 공동체에 대해 불만이 많았습니다. 그런 그들이 입다와 어울리고 있습니다. 아마도 입다의 출신이나 집에서 쫓겨난 상황이 그들과 다를 바 없다는 동병상련을 느꼈기 때문이 아닐까 합니다.

마치 다윗이 사울왕에게 쫓김을 당했을 때 원통하고 억울하고 환난당한 사람들이 아둘람 굴로 다윗을 찾아온 것처럼, 돕 땅에 거주하던 소수민족이 입다를 따랐습니다.

버림받은 자에서 하나님의 용사로

그렇게 세월이 흐른 어느 날, 암몬 자손이 이스라엘을 침공했습니다. 그런데 하나님께서 그들을 건져 낼 사사를 세우시지 않았습니다. 여기서 놀라운 반전이 일어납니다.

하나님은 사사시대에 이스라엘 백성이 죄를 짓고 불순종하면 주변의 민족을 막대기로 사용하여 이스라엘을 벌하셨습니다. 그제야 이스라엘은 회개하고 하나님께 돌아왔고 그러면 하나님은 사사를 세워 그들을 이방 민족으로부터 건져 주셨습니다. 이스라엘의 역사는 이스라엘의 반역과 하나님의 벌, 회개하고 돌아오는 패턴이 계속 반복되는 역사였습니다.

그런데 암몬이 쳐들어와 하나님께 회개하고 도와달라 부르짖는 이스라엘 백성에게 하나님께서 이번에는 응답하시지 않았습니다.

그러자 이스라엘 백성이 찾아간 사람이 바로 입다입니다. 길르앗의 장로들은 입다가 돕 땅에서 우두머리 역할을 하고 있다는 소문을 들어서 알고 있었습니다. 그들은 이 위기의 때에 하나님이 세우신 인물이 입다가 아닐까 생각했습니다. 그리고 입다를 찾아가 이렇게 간청했습니다.

> 입다에게 이르되 우리가 암몬 자손과 싸우려 하니 당신은 와서 우리의 장관이 되라 하니 _삿 11:6

우리의 장관이 되라는 이야기는 암몬과 전쟁을 할 때 군사를 일으켜 군사들의 장수가 되어 달라는 말입니다. 이 얼마나 좋은 기회입니까? 그동안 받은 설움과 억울함을 한 번에 씻겨 내려가게 할 기회입니다. 하지만 입다는 놀랍게도 이 제안을 거절합니다.

> 입다가 길르앗 장로들에게 이르되 너희가 전에 나를 미워하여 내 아버지 집에서 쫓아내지 아니하였느냐 이제 너희가 환난을 당하였다고 어찌하여 내게 왔느냐 하니라 _삿 11:7

"이복형제들이 나를 쫓아낼 때 너희들도 형들의 편이 되어 나를 미워하더니 이제 와서 너희가 어려움에 처했다고 도움을 달라고 하느냐?"라는 말입니다. 입다는 단순히 용맹스럽기만 한 사람이 아니었습니다. 이 말은 이스라엘 장로들의 진심을 알아내기 위한 입다의 전략이었습니다. 그는 용맹스러울뿐더러 지혜로운 사람이었습니다.

그러자 이스라엘의 리더들이 입다에게 더 큰 제안을 합니다. 입다 외에는 다른 대안이 없어서 그들로선 다급했던 모양입니다.

> 그러므로 길르앗 장로들이 입다에게 이르되 이제 우리가 당신을 찾아온 것은 우리와 함께 가서 암몬 자손과 싸우게 하려 함이니 그리하면 당신이 우리 길르앗 모든 주민의 머리가 되리라 하매 _삿 11:8

정말 놀랍지 않습니까? 입다는 놀라운 협상가였습니다. 그는 암몬과 전쟁을 할 때도 무턱대고 전투부터 하지 않고 협상을 했습니다.

이스라엘의 장로들이 처음에는 군대의 장관이 되어 달라고 하더니, 이제는 이스라엘 전체를 다스리는 통치자가 되어 달라고 청하고 있습니다. 사생아라서 내쫓았던 입다를 자신들을 구원해 줄 구원자요 통치자로 세우고 있는 겁니다.

어떤 인생이든 때가 있는 법입니다. 그 '때'는 하나님이 주십니다. 내가 노력해서 만들 수 있는 때가 아닙니다. 하나님이 세우신 때를 분별하고, 그 정하신 때를 준비하며 기다리는 사람이 진짜 실력 있는 사람입니다.

입다는 버림받은 인생이었으나 결코 포기하지 않고 하나님의 때를 기다렸습니다. 돕 땅에서 자기가 가진 달란트로 실력을 키우고, 사람들이 모이도록 인덕을 베풀었습니다. 입다는 '큰 용사'였지만 그가 돕 땅에서 리더가 될 수 있었던 것은 사람들에게 은혜를 베풀고 성숙하게 다가갔기 때문입니다. 이스라엘에서 잡류라고 무시당한 사람들에게 진심으로 다가갔기에 그들이 입다 주변으로 몰려들었던 것입니다.

본문을 여러 번 묵상하던 중 9절 말씀에서 가슴이 뭉클했습니다.

> 입다가 길르앗 장로들에게 이르되 너희가 나를 데리고 고향으로 돌아가서 암몬 자손과 싸우게 할 때에 만일 여호와께서 그들을 내게 넘겨주시면 내가 과연 너희의 머리가 되겠느냐 하니 _삿 11:9

“나를 데리고 고향으로 돌아가서….” 야곱의 귀향, 모세의 귀향 등 성경의 많은 인물이 떠오르는 장면이 아닐 수 없습니다.

입다는 이 기회를 놓치지 않습니다. 그리고 무엇보다 중요한 것은 입다가 자신의 실력으로 암몬 군대를 물리치겠다고 말하지 않는다는 사실입니다. 입다는 “내가 만약 싸워 이기면”이라 하지 않고 “여호와께서 그들을 내게 넘겨주시면”이라고 말하고 있습니다.

‘하나님’의 이름이 이스라엘 장로들이 아니라 입다의 입에서 언급되고 있습니다. 어떤 사람들은 입다가 이 말을 한 것은 하나님을 이용한 것이라고 해석하는데, 그렇지 않습니다. 사사기 11장 29절에서 입다가 전쟁을 앞두고 여호와의 영이 입다에게 임했다고 증언하고 있습니다. 하나님의 영은 교만한 자에게는 임하지 않습니다.

입다는 자신이 할 수 있는 일과 하나님이 해주시는 일을 분별할 줄 알았습니다. 입다는 자신이 싸움에 능한 큰 용사이지만, 전쟁에 승리를 주시는 분은 하나님이심을 알았습니다. 더구나 그는 “여호와께서 그들을 내게 넘겨주시면”의 믿음을 갖고 있었습니다. 아마 이 지혜는 고난 중에 생겼을 것입니다.

그러자 길르앗 장로들은 하나님이 입다와 길르앗 장로들 사이에서 증인이 될 것이라며 입다에게 순종할 것을 다짐합니다.

> 길르앗 장로들이 입다에게 이르되 여호와는 우리 사이의 증인이시니 당신의 말대로 우리가 그렇게 행하리이다 하니라 _삿 11:10

참으로 놀라운 일입니다. 사생아이자 아버지와 이복형제들에게 버림받아 상처투성이의 사람들이 사는 돕 땅으로 도망간 입다가 아닙니까? 그런 그를 한때 따돌리던 사람들이 찾아와서 그들의 리더로 추대하고 있는 것입니다.

그런데 입다는 과연 언제 어디서 여호와 하나님, 이스라엘의 하나님을 알게 되었을까요? 성경은 그 점에 대해 침묵합니다. 하지만 분명한 것은 그가 이방인들이 모여 사는 돕 땅에 도망쳐 오기 전에, 아버지에게 버림받고, 이복형제들에게 핍박받던 시절에 여호와 하나님을 알았을 것입니다.

저는 하나님께서 우리 모두에게 일생에 한 번은 하나님을 만나는 기회를 주신다고 믿습니다. 그 기회가 왔을 때 반응하고 안 하고는 전적으로 나한테 달렸습니다. 하나님을 만나고 만나지 않고는 하나님의 의지가 아니라 우리의 의지에 달려 있는 것입니다.

> 이에 입다가 길르앗 장로들과 함께 가니 백성이 그를 자기들의 머리와 장관을 삼은지라 입다가 미스바에서 자기의 말을 다 여호와 앞에 아뢰니라 _삿 11:11

입다의 입에서 다시 한 번 하나님이 등장합니다. 입다가 이스라엘과 맺은 언약을 하나님께 아뢰었다는 것은 이스라엘 백성이 보는 앞에서 기도했다는 의미입니다. 미스바는 이스라엘에서 매우 영적인 장소입니다. 그 영적인 장소에서 입다는 하나님께 기도하였고, 동시에 이스라엘 백성과 자신 사이에 맺은 언약을 분명히 했습니다.

그런 뒤 입다는 암몬과의 전쟁에서 승리를 거두었고, 이로써 이스라엘 백성을 위기에서 건져 낸 명실공히 여덟 번째 사사가 됩니다.

하나님은 나를 절대 포기하지 않으십니다

하나님은 어떻게 입다를 하나님의 도구로 사용하기 합당한 사람으로 만들어 가셨을까요? 하나님께서 하신 일과 그에 대한 입다의 반응은 어떠했는지를 살펴보고자 합니다.

입다는 가장 곤고한 시절에 하나님을 만났습니다. 인생이 깨어져서 너무나 절망스러울 때 도무지 하나님이 믿어지지 않는 순간에 하나님을 만났습니다. 도망자 야곱도 광야에서 하나님을 만났습니다. 황폐해진 인생의 순간에 붙들 것은 하나님밖에 없습니다.

그러므로 자신이 깨어진 인생이라고 생각될수록, 인생이 곤고할수록 하나님을 붙들어야 합니다. '여호와께서 우리와 함께 하시면…'이 우리의 반응이어야 합니다. 그때 하나님께서 하나님의 형상을 따라 우리를 빚어 가십니다. 하나님은 그릇을 깨시기도 하고 새롭게 고치시기도 하는 토기장이십니다.

인생에서 성공은 항상 이기는 것이 아니라, 절대 포기하지 않는 것입니다. 때로 내가 나를 포기해도 하나님은 나를 절대 포기하지 않으십니다.

우리 주님은 최고의 토기장이십니다. 우리는 때로 '왜 나를 이런 그릇으로…'라고 하며 하나님이 토기장이이신 것에 만족하지 못하는 것 같습니다. 우리의 죄와 허물 때문에, 혹은 우리 부모의 죄와 허물 때문에 내 인생이 깨진 듯이 보여도, 토기장이이신 하나님의 손에 잡히면 멋진 걸작품으로 태어나게 됩니다. 입다처럼 나를 포기하지 말고, 최고의 토기장이, 최고의 창조주이신 하나님을 그 중심에서 잃지 않으면 됩니다. 그러면 반드시 기회를 얻게 됩니다.

입다는 암몬 전쟁을 큰 승리로 이끕니다. 하지만 이후로 전개되는 이야기는 매우 실망스럽습니다. 입다는 너무 흥분해서 하나님 앞에 잘못된 서원을 하고 맙니다. 전쟁에서 승리하고 돌아올 때 가장 먼저 자신을 맞이한 사람을 하나님께 제물로 바치겠다고 한 것입니다. 그런데 그의 잘못된 서원으로 인해 그의 무남독녀가 희생되고 맙니다.

하나님이 사용하신 사람이 어째서 이렇게 실망스럽단 말입니까? 그런데 우리는 어느 누구도 완벽하지 않다는 것을 기억해야 합니다. 사사 삼손도 그렇고, 기드온도 허물이 많았습니다. 다윗도 치명적인 실수를 했고, 아브라함은 비겁했고, 모세는 사람을 죽였고, 야곱은 거짓말쟁이였으며, 사울은 바울이 되기 전에 교회를 핍박했습니다. 하나님이 쓰신 사람 중에 결코 완벽한 사람은 없었습니다.

그래서 하나님은 깨진 그릇도 사용하시는 분입니다. 우리가 완벽해서 사용하시는 게 아니라 완벽하지 않아도, 허물이 많아도 하나님은 우리를 사용하기 원하십니다.

그러므로 우리가 할 일은 하나님께서 깨진 그릇도 사용하시는 분임을 믿는 것입니다.

조시 맥도웰 목사님은 1961년 미국 CCC 간사로 활동하다 조시 맥도웰 미니스트리(JMM)를 설립하여 오늘날 젊은이들이 직면한 문제를 성경적으로 해석하고 그 해법을 제시하고 있습니다.

그는 125개국, 700여 개 대학에서 1천만 명이 넘는 청년들에게 말씀을 전했습니다. 그리고 지금까지 150권 이상의 책을 단독 및 공동으로 저술했고, 이 책들은 세계적으로 3500만 부 이상 판매되었으며, 미국 기독교출판협회에서 선정한 골드메달리언 상을 네 차례나 수상했습니다.

하지만 맥도웰 목사님의 어린 시절은 매우 불행했고 결코 행복하지 않았습니다. 그분의 간증을 담은 책《회의에서 확신으로》의 내용을 짧게 소개해 보겠습니다.

어린 시절 조시에게는 돌리라는 송아지가 유일한 벗이었습니다. 그의 아버지 윌모트 맥도웰은 깨어 있을 때보다 술에 취해 있을 때가 더 많은 술주정뱅이였습니다. 그는 매우 폭력적이었고, 어머니는 그런 아버지 앞에 무기력했습니다. 그리고 이웃들은 그런 부모님을 무시하고 조롱했습니다. 조시 맥도웰은 수치스러웠던 당시 기억을 떠올리며 "이 세상 어디에서도 사랑을 찾아볼 수 없었다. 나는 그때 이제 희망은 없다고 나 자신에게 거듭 확인시켰던 기억이 아직도 선명하다. 사랑도 없고, 희망도 없었다"라고 고백합니다. 그는 어머니와 자신을 이렇게 비참하게 만든 아버지를 죽이고 싶을 만큼 증오했습니다.

그리고 6살 때부터 조시는 자신의 집에서 일하던 웨인 베일리라는 사람으로부터 지속적인 성추행을 당합니다. 그런 그에게 가족 중 누구도 관심을 가져 주지 않았습니다. 그는 언제나 혼자였습니다. 고등학교에 진학해 미식축구와 농구팀에서 뛰어난 활약을 할 때에도 그의 아버지와 어머니는 한 번도 경기장을 찾지 않았습니다.

고등학교를 졸업하고 얼마 지나지 않아 지금까지 충분한 사랑을 받으며 자라진 못했지만, 그래도 자신을 사랑했다고 믿은 단 한 사람, 그의 어머니가 뇌출혈로 세상을 떠납니다. 그 후 그는 자랑스럽게 여길 만한 아들이 되어 달라는 어머니와의 약속을 떠올리며 누구보다 열심히 일해 돈을 모아 대학에 입학했습니다. 훌륭한 정치인이 되고 싶었던 그는 꿈을 이루기 위해 열심히 공부했고 좋은 성적 등으로 학교에서 인기도 많았습니다. 그는 성공을 위해 가능한 한 많은 친구들과 교수님들을 사귀며 인생 중 최고의 시간을 보내게 됩니다.

그런데 그런 그가 유독 싫어하는 이들이 있었습니다. 그의 표현으로 말하면, 바로 크리스천 '일당'들입니다. 돌아가신 어머니를 생각하며 사후세계에 대한 고민을 한 적은 있었지만, 그는 철저하게 하나님의 존재를 부정했던 사람입니다. 그에게 있어 크리스천은 예수를 믿는다는 것을 노골적으로 알리고 다니는 사람들에 불과했습니다.

그러던 중 조시는 토니라는 한 여학생의 끈질긴 전도로 자신이 오로지 감성과 지성에만 치우쳐 성경과 기독교를 배격해 왔다는 사실을 깨닫고 예수님을 영접한 후 하나님의 사랑에 압도되어 살기 시작했습니다. 그는 그때를 "나는 사막에서 길을 잃고 헤매다가 오아시스를 찾은 사람 같았다"라고 고백합니다.

그는 정치인이 되고자 했던 꿈을 포기하고 목회자가 되기로 결심합니다. 그리고 평생을 용서할 수 없을 것 같던 아버지와 어린 시절 자신에게 성적 수치심을 준 웨인 베일리를 용서했습니다. 그의 이런 변화를 지켜 본 아버지 윌모트 멕도웰은 아들 조시에게 "내가 본 것처럼 예수님이 네 인생 가운데 행하신 일을 만약 내 인생 가운데도 하실 수 있다면 나도 그분을 알고 싶구나" 라며 예수님을 믿기로 결단합니다. 예수님을 믿은 이후 그가 살고 있었던 조그만 마을과 주변 지역에서 20여 명이 넘는 사람들이 예수님을 구세주와 삶의 주인으로 영접한 역사가 일어났다고 합니다. 이 모든 것은 동네에서 가장 유명했던 한 술주정뱅이의 변화 때문이었습니다.

윌모트 멕도웰은 이후 알코올중독자들과 재소자들에게 복음과 자신의 변화된 삶을 나누며 여생을 보냈습니다. 그는 14개월이라는 시간동안 짧지만 확실히 변화된 그리스도인의 모습을 보여주고 떠났습니다.

그런데 이 가문의 회복과 축복은 여기서 끝나지 않았습니다. 몇 년 전 조시 맥도웰이 가정에 관해 쓴 책《아버지의 10가지 약속》(10 commitments for dads)의 서문을 그의 아들 션 맥도웰이 썼습니다.

> "내가 아버지에게 가장 고맙게 여기는 것은, 자신의 고민과 싸움을 우리에게 정직하게 말해 주신다는 점이다. 아버지는 이 책에서도 정직한 모습을 유감없이 발휘하신다. 나는 알코올중독에 빠진 할아버지, 풍비박산된 집안, 성폭력 등에 대한 이야기를 이미 아버지에게서 들었지만, 얼마 전 가족 모임에서 저녁을 먹기 전까지 아버지가 겪은 고통을 충분히 이해하지 못했다는 것을 깨달았다. …그러나 그런 어린 시절을 보낸 아버지는 수십 년이 지난 뒤 친밀한 사랑을 나누는 가정을 이루었다. 어떻게 된 일일까?"

그의 아들의 마지막 질문은 책을 보면 그 답을 찾을 수 있습니다. 문제 많고 깨어진 가정에서 자란 조시를 목회자로 만드시고 그가 자녀들은 물론 손자들까지도 하나님의 자녀로 키울 수 있게 한 것은 하나님이십니다. 하나님은 아무리 문제 많은 가정이라도 포기하지 않으십니다. 도무지 회생이 불가능할 것 같은 가정도 하나님께서는 불씨를 살려 회복시키십니다.

하나님은 고난을 통해서 사람을 만들어 가시는 것이 분명합니다. 고난이 하나님께로부터 왔는지 주변으로부터 왔는지 구분하는 것보다 더 중요한 것은 내가 고난 가운데 있다라는 사실입니다. 그리고 하나님께서 그 고난을 사용하셔서 우리를 새롭게 빚어 가신다는 사실입니다.

하나님은 깨진 그릇도 능히 고쳐 쓰시는 토기장이십니다. 하나님은 우리를 빚어 가실 준비가 되어 있습니다. 그러므로 결단은 우리의 몫입니다. 사실 입다는 돕 땅에 있는 자신의 부하들과 그리고 암몬 족속과 힘을 합쳐 자신을 멸시한 길르앗 족속과 이스라엘을 정벌하고 스스로 왕이 될 수 있었습니다. 하지만 그는 왕이 되는 대신 하나님 앞에 무릎을 꿇는 삶을 택했습니다. 자신은 깨진 인생이었지만 하나님이 여전히 자신의 주인이심을 알았기 때문입니다. 우리의 결단도 입다와 같이 교만이 아니라 겸손을 선택하는 것이어야 합니다.

예배를 위한 기도

Prayer

감사하신 주님, 현장에서, 영상으로 여러 가지 모양으로 예배를 드리고 있습니다. 고난은 현실이고 피할 수 없는 일이지만, 하나님께서 능히 고난을 물리쳐 주시며, 고난을 통하여 오히려 사람을 새롭게 빚어 가심을 믿습니다. 입다처럼 주님 앞에 내 삶을 드리며 원수를 은혜로 갚는 삶을 살게 하옵소서. 코로나 사건을 통하여 더 많은 가정에 어려운 일이 닥칠 것입니다. 그러나 이 말씀을 기억하며 하나님을 신뢰하고 암몬 자손들을 물리치신 하나님의 능력을 기억하며 나아갈 수 있게 하여 주옵소서.
예수 그리스도의 이름으로 감사하며 기도합니다. 아멘

4부

팬데믹,
예배의 창문을 열라

13장

코로나 시대,
우리가 드려야 할 기도

대하 7:11-16

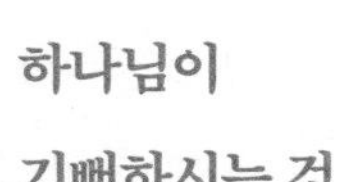

하나님이 기뻐하시는 것

이스라엘 민족이 왕권제도를 확립하고 나서 두 번째로 오른 왕이 다윗입니다. 다윗은 사울 치하에서 무너진 이스라엘의 국력을 바로잡고, 이스라엘 백성이 모두 모여 예배할 성전을 짓고자 했습니다.

광야 생활을 마치고 가나안을 정복한 지 적어도 40년이 훨씬 지났지만, 하나님의 법궤는 여전히 장막에 있었습니다. 다윗은 하나님의 처소를 짓고 그곳에 법궤를 안치하기를 간절히 원했습니다. 그것은 이스라엘 백성의 삶 가운데 예배 생활을 중심에 놓는 매우 중요한 비전이기도 했습니다.

하지만 하나님은 주변 국가들과 무수한 전쟁을 치름으로써 피를 많이 흘린 다윗이 아니라 그의 아들 솔로몬에 의해 성전이 지어지기를 원하셨습니다. 그런 까닭에 다윗은 자기 손으로 성전을 짓는 대신 솔로몬이 성전을 지을 수 있도록 만반의 준비를 해놓는 것으로 자기 소임을 다했습니다.

솔로몬은 아버지의 유지를 따라 예루살렘 모리아산 기슭에 하나님을 위한 전을 건축했습니다. 이곳은 아버지 다윗에게 하나님께서 임재하신 곳이고, 오르난의 타작마당으로 다윗이 정한 터이며, 아브라함이 이삭을 바쳤다고 전해지는 곳이기도 합니다.

솔로몬 성전의 규모는 길이가 약 30m, 너비가 10m, 그리고 높이가 15m, 두께 벽이 3m 정도 되는 비교적 작은 규모의 성전이었습니다. 솔로몬 성전은 광야에 세운 장막의 확장판이라고 할 수 있습니다.

성전은 크게 두 장소로 나뉘는데, 길이 20m 정도이며 제사장들이 섬기는 성소와 길이 10m 정도의 지성소입니다. 그밖에 성전에는 레위인과 일하는 사람들, 그리고 성전 기구들이 있는 방들이 있었습니다.

성전을 장식한 기구들은 광야의 장막과 마찬가지로 삼위일체 하나님의 영광과 권능, 그리고 구원의 역사를 상징적으로 나타냅니다.

성전은 BC 966년 솔로몬이 왕위에 오른 지 제4년부터 시작하여 약 7년에 걸쳐 공사를 마무리하였습니다. 다윗은 하나님의 성전을 짓기 위해 수많은 금과 은 그리고 귀한 재료들을 준비했습니다. 솔로몬은 무려 15만 명의 일꾼을 준비시켰습니다. 규모가 크지는 않았지만 정말 정성을 다해 최선을 다해 성전을 지었습니다.

솔로몬은 드디어 성전을 완공하고, 거기에 아버지 다윗이 하나님께 드린 금과 은과 모든 기구를 다 가져다가 하나님의 전 곳간에 갖다 두었습니다. 그리고 아버지 다윗 성에 있던 언약궤를 솔로몬 성전에 무사히 옮겼습니다.

이제 새로 지은 성전에서 제사장들과 레위인들이 스스로 몸을 정결케 하고, 마음을 가다듬고, 모든 악기 다루는 자들과 찬양하는 자들이 일제히 소리 높여 하나님을 찬양했습니다.

"우리 하나님은 선하십니다. 그 자비하심이 대대에 영원히 있기를 원합니다."

그날 하나님께서 그 예배를 얼마나 기뻐하셨는지 하나님의 구름이 솔로몬의 성전에 임하였습니다(대하 5:13). 광야에서 임하던 하나님의 구름이 솔로몬의 성전을 덮었습니다. 여호와의 구름은 하나님의 임재, 하나님의 영광을 의미합니다. 그런데 실로 오랜만에 하나님의 영광이 이스라엘 땅에 임한 것입니다. 그러니 그 순간 이스라엘 백성의 감격은 우리의 상상을 뛰어넘는 것이었습니다.

하나님은 정성껏 준비한 이 성전을 매우 기뻐하셨습니다. 아니 사실대로 말하면 하나님은 성전 건물 자체를 기뻐하신 것이 아닙니다. 하나님이 기뻐하신 것은 무엇일까요?

하나님은 지난 7년간 성전을 짓기 위한 백성들의 수고, 성전에서 하나님께 예배하고픈 열망, 그리고 성전에서 제사하며 하나님을 만나고자 하는 마음, 이 모든 것을 기뻐하셨습니다.

역대하 6장에는 솔로몬이 하나님께 드린 장문의 기도문이 기록되어 있습니다. 저는 이 기도문을 읽으면서 가슴이 뛰었습니다. 눈물이 나서 혼났습니다. 솔로몬의 기도는 코로나 바이러스로 인해 고통받고 있는 우리가 드려야 할 기도가 무엇인지를 알려 주고 있습니다. 그리고 하나님께서 왜 솔로몬의 이 기도를 기뻐하셨는지 알 수 있습니다.

구약시대에는 지금보다 더 많은 전염병과 전쟁과 기근에 시달렸습니다. 하나님께서는 솔로몬에게 주신 말씀을 통하여 코로나 한복판에 있는 우리에게 동일한 음성을 들려주십니다. 이 말씀을 듣는 귀가 있어 우리의 예배가 회복되고, 개인의 신앙이 회복되는 놀라운 역사가 있기를 소망합니다.

재앙은
영적인 사건이기도 합니다

솔로몬이 높은 단에 올라가서 백성들 앞에 무릎을 꿇고 하늘을 향하여 손을 들고 전심을 다하여 기도를 올려 드렸습니다. 그러자 다시 한 번 놀라운 일이 벌어졌습니다.

> 솔로몬이 기도를 마치매 불이 하늘에서부터 내려와서 그 번제물과 제물들을 사르고 여호와의 영광이 그 성전에 가득하니 _대하 7:1

역대하 5장에서는 하나님의 구름이 임하더니 이번엔 하나님의 불이 하늘로부터 내려와 이스라엘 백성이 드린 모든 제물을 살라 버린 것입니다. 이는 하나님께서 이 제사와 제물을 기뻐하셨음을 의미합니다. 여호와의 영광이 성전에 가득한 것을 증명하는 것이었습니다.

> 여호와의 영광이 여호와의 전에 가득하므로 제사장들이 여호와의 전으로 능히 들어가지 못하였고 _ 대하 7:2

하나님의 신이 성전에 충만하자 제사장들이 여호와의 전에 접근할 수 없었습니다. 죄인은 여호와의 영광 앞에 다가갈 수 없습니다.

> 이스라엘 모든 자손은 불이 내리는 것과 여호와의 영광이 성전 위에 있는 것을 보고 돌을 깐 땅에 엎드려 경배하며 여호와께 감사하여 이르되 선하시도다 그의 인자하심이 영원하도다 하니라 _ 대하 7:3

솔로몬과 이스라엘 백성은 이때부터 번제와 화목제를 드리며 성전 봉헌식을 거행합니다. 그리고 이스라엘 전역에서 7일 동안 절기를 지켰습니다. 이스라엘 백성은 그렇게 절기를 지킨 뒤 하나님께서 베풀어 주신 은혜로 마음에 기쁨을 가득 안고 집으로 돌아갔습니다.

상상이 되십니까? 이스라엘 백성이 하나님 안에서 하나가 되어 기뻐하는 모습을 말입니다.

그 기쁨은 솔로몬왕도 마찬가지였습니다. 아버지 다윗왕 때부터 계획한 성전을 하나님께 바쳤으므로 얼마나 기뻤겠습니까? 그런데 그날 밤 하나님께서 솔로몬에게 나타나 이렇게 말씀하십니다.

> 밤에 여호와께서 솔로몬에게 나타나사 그에게 이르시되 내가 이미 네 기도를 듣고 이곳을 택하여 내게 제사하는 성전을 삼았으니 _대하 7:12

하나님은 솔로몬이 지은 성전을 사람들이 와서 예배하고 하나님을 만나는 장소로 삼겠다고 하십니다. 그러면서 하나님은 솔로몬이 기도한 일곱 가지 내용 중에 특별히 한 내용을 언급하십니다.

> 혹 내가 하늘을 닫고 비를 내리지 아니하거나 혹 메뚜기들에게 토산을 먹게 하거나 혹 전염병이 내 백성 가운데에 유행하게 할 때에 _대하 7:13

비가 오지 않고 메뚜기 떼가 토산을 먹으며 전염병이 유행하는 것, 이는 당시 가나안 땅에서 살아가는 사람들에게 가장 두려운 세 가지 재앙입니다. 솔로몬은 역대하 6장에서 이런 재앙이 닥쳤을 때 하나님 앞에 나아가 회개하며 기도하게 해달라고 기도했습니다. 그리고 무슨 악한 행위가 있거든 하나님께서 판단해 달라고 요청했습니다.

오늘 우리도 회개의 문이 막혔을 때 회개의 영을 부어 달라고 기도해야 합니다.

하나님은 그 밤에 그 솔로몬의 기도를 다시 인용하시며 그 같은 재앙이 임한다면 이렇게 하라고 말씀하십니다.

> 내 이름으로 일컫는 내 백성이 그들의 악한 길에서 떠나 스스로 낮추고 기도하여 내 얼굴을 찾으면 내가 하늘에서 듣고 그들의 죄를 사하고 그들의 땅을 고칠지라 _ 대하 7:14

하나님은 악한 길에서 떠나 겸손하게 회개하라고 말씀하십니다. 이 말씀이 어떻게 들리십니까? 전 세계가 코로나 바이러스로 인해 고통받고 있는 때인 만큼 이 말씀이 가슴에 사무칩니다.

코로나19 팬데믹은 인류가 거의 처음 겪는 초유의 사태입니다. 스페인 독감이 5천만 명의 목숨을 앗아 가긴 했지만, 전 세계 곳곳으로 퍼지지는 않았습니다. 국지적인 전염병이었던 것입니다. 하지만 코로나19는 국지적이지도 않고 일시적이지도 않습니다. 가공할 만한 파워로 전 세계를 공포에 떨게 만들고 있습니다. 세계가 글로벌화된 까닭에 그 피해가 더 심각합니다.

그렇다면 코로나 팬데믹은 말세의 징조 중 하나일 수 있습니다. 우리는 하나님의 백성으로서 이 상황을 영적으로 받아들이고 어느 때보다 하나님의 말씀에 귀를 기울여야 합니다.

역대하 7장 14절 말씀은 하나님께서 성전 봉헌을 기쁘게 받으신 뒤 주신 말씀입니다. 가장 기쁜 순간에 앞으로 가장 최악의 상황이 닥칠 경우 최고의 선택이 무엇인지를 알려 주셨습니다.

지금은 기도할 때입니다

> 내 이름으로 일컫는 내 백성이 그들의 악한 길에서 떠나 스스로 낮추고 기도하여 내 얼굴을 찾으면 내가 하늘에서 듣고 그들의 죄를 사하고 그들의 땅을 고칠지라 _대하 7:14

역대하 7장 14절은 이전 장인 역대하 6장에서 솔로몬이 장문으로 기도한 것에 대한 응답이면서 동시에 그 내용을 요약하고 있습니다.

"내 이름으로 일컫는 내 백성이"

우리가 재앙 가운데 있을 때 가장 먼저 기억할 것이 우리가 누구인지를 바르게 아는 것입니다. 많은 사람들이 소망이 없다고 합니다. 코로나19로 인해 두려워 떨고 있습니다. 이때 우리가 할 일은 내가 누구인가를 분명히 하는 것입니다.

하나님은 이스라엘 백성들을 향해 '내 백성'이라고 하십니다. 이에 덧붙여 '내 백성'은 내 이름에 의해 불리는 백성이라고 말씀하십니다. '내 백성'은 하나님 아버지의 사랑이 담긴 표현입니다.

세상이 악하고 난리와 재앙의 소리가 가득해서 구원의 소망을 찾을 수 없을 때, 하나님은 하나님의 이름으로 일컫는 하나님의 백성을 찾으십니다. 하나님은 그러한 절망의 한복판에서 하나님의 음성을 듣고자 하는 주의 백성을 찾으십니다. 그래서 하나님의 백성은 깨어 있어야 합니다. 영적으로 깨어 있으면 지금이 바로 기도하며 하나님 앞에 나아가야 할 때라는 것을 알 수 있습니다.

"그들의 악한 길에서 떠나"

모든 자연재해와 전염병이 인간의 죄로 말미암은 것이라 단정짓기는 어렵습니다. 그러나 분명한 진리는 하나님께서 우주를 만드셨을 뿐만 아니라 우주를 다스리시는 분이라는 믿음입니다. 하나님께서 허락하지 않으시면 참새 한 마리도 공중에서 떨어질 수 없습니다.

성경에서 자연재해와 전염병은 대체로 인간의 죄와 관련이 있습니다. 고대인들은 누가 이야기해 주지 않아도 자연재해나 전염병이 닥치면 '하늘의 재앙이다'라고 믿고 두려워했습니다.

하나님은 만약에 자연재해나 전염병이 닥친다면, 악한 길에서 떠나라고 말씀하십니다. '떠나라'는 것은 가던 방향을 완전히 바꾸고 죄에서 돌이켜 하나님께로 돌아서라는 의미입니다. 회개하라는 뜻입니다.

코로나 사태는 우리를 고통스럽게 하지만, 한편으로 이를 계기로 우리 자신을 돌아보게 합니다. 그동안 안이하고 방종했던 우리의 영적 생활의 죄와 허물을 깨닫게 합니다. 솔로몬의 기도에서 나타나는 것처럼 회개는 우리가 회복할 수 있는 유일한 통로입니다.

"스스로 낮추고 기도하여"

'스스로 낮추는 것'은 겸손하라는 의미입니다.

하나님은 우리가 무릎을 꿇고 기도하는 것을 좋아하십니다. 무릎을 꿇는다는 것은 육신적인 겸손함이 아니라 마음의 자세입니다. 겸손과 기도는 늘 하나님 앞에 담대하게 나아가게 합니다. 하나님 앞에서는 어떤 일이 있어도 겸손하게 나아가는 것이 정답입니다.

솔로몬은 모든 백성이 보는 앞에서 하나님을 향하여 손을 들고 무릎을 꿇고 기도했습니다. 한 나라의 왕이 하나님 앞에 무릎을 꿇은 것은 나라를 다스리는 이가 왕이 아니라 하나님임을 선포하는 것과 같습니다.

무릎을 꿇는 것은 하나님께서 내 인생의 주인임을 고백하는 것입니다. 하나님은 자신을 스스로 낮추고 하나님 앞에 나아가는 자를 기뻐하십니다. 하나님 앞에 드리는 예배나, 하나님 앞에 드리는 기도는 결코 방자해선 안 됩니다.

"내 얼굴을 찾으면"

우리가 고난의 때에 하나님의 얼굴을 구한다는 것은 우리가 할 수 있는 일이 아무것도 없다는 절박한 심정을 하나님 앞에 드러내는 것입니다. 성경에서 '하나님의 얼굴' '하나님의 손'은 하나님의 임재와 하나님의 능력을 나타냅니다.

시편 기자는 고통 가운데 하나님이 자신에게서 얼굴을 감추지 말 것을 간절히 간구하곤 했습니다. 여러분은 극심한 고난과 고통 가운데 있을 때 누구의 얼굴을 가장 먼저 보기를 원하십니까? 가족입니까? 자녀입니까?

그런데 나의 자녀와 가족을 살리시는 이는 하나님입니다. 고난 가운데 있을 때 우리가 할 일은 구원과 소망을 주시는 하나님 아버지의 얼굴을 내게 비춰 달라고 기도하는 것입니다.

> 여호와는 네게 복을 주시고 너를 지키시기를 원하며 여호와는 그의 얼굴을 네게 비추사 은혜 베푸시기를 원하며 여호와는 그 얼굴을 네게로 향하여 드사 평강 주시기를 원하노라 할지니라 하라
>
> _ 민 6:24-26

"내가 하늘에서 듣고"

우리가 고통 가운데 있을 때 하나님의 얼굴을 구하면 하나

님께서는 우리의 기도를 들으십니다. 하나님은 우리의 간구를 듣기 원하십니다. 하나님은 우리의 울부짖음을 결코 외면하지 않으십니다.

> 이제 이곳에서 하는 기도에 내가 눈을 들고 귀를 기울이리니 이는 내가 이미 이 성전을 택하고 거룩하게 하여 내 이름을 여기에 영원히 있게 하였음이라 내 눈과 내 마음이 항상 여기에 있으리라
> _대하 7:15-16

"그들의 죄를 사하고"

진심으로 죄를 뉘우치며 간구하는 사람들에게 필요한 것은 하나님께서 용서하신다는 믿음입니다. 하나님은 동에서 서가 먼 것같이 우리의 죄를 기억하지 않으시고 용서하십니다. 하나님께서 기억하시지 않는 죄를 굳이 우리가 꺼내어 곱씹는 것은 믿음이 없는 모습입니다.

"그들의 땅을 고칠지라"

우리의 기도를 들으신 하나님은 땅을 고치십니다. 당시에 땅은 모든 소산물이 나는 풍요의 상징입니다. 그래서 땅이 축복받았다는 표현을 쓰는 것입니다.

그런데 하나님께서 말씀하신 실제적인 땅은 이스라엘 백성의 마음 밭입니다. 죄가 있으면 우리의 마음 밭, 즉 땅이 고통을 받습니다. 코로나는 인간의 탐욕이 빚어 낸 재앙입니다. 그

러므로 우리가 이 땅을 고치고 싶다면 우리의 마음 밭을 먼저 고쳐야 합니다. 가장 먼저 황폐한 우리의 마음이 고침 받아야 합니다. 하나님께서 우리의 마음을 고치십니다.

코로나 사태가 본격적으로 시작되었을 때, 지구촌교회는 예배와 기도를 멈추지 말자고 결단했습니다. 서로 얼굴을 마주하고 예배드릴 수도, 기도할 수도 없지만, NCC(Nation·Church·Corona)를 만들어 하나님께 매일 기도를 했습니다. 지금까지 매일 12개씩 1200개 이상의 기도를 하나님 앞에 올려 드렸습니다. 하나님께서 우리의 기도를 받아 주실 줄 믿습니다. 하나님의 성전에서 다 함께 부르짖을 수는 없지만, 우리 안에 계신 성령님께서 우리가 기도할 때 우리를 하나로 묶어 주실 줄 믿습니다.

성전은 모이면 함께 예배하는 곳이어야 합니다. 성전은 모여서 기도하는 곳이어야 합니다. 성전은 제자를 훈련시키는 곳이어야 합니다. 성전은 서로를 섬기는 곳이어야 합니다.

그런데 만약에, 정말 만약에 코로나 사태가 끝나지 않는다면 어떻게 할까요? 많은 사람이 가을에 팬데믹이 다시 온다, 내년 봄에도 온다고 말합니다. 더 이상 코로나 이전으로 돌아갈 수 없다는 사람들도 있습니다. 이런 모든 추측이 아무 근거가 없는 것은 아닌 듯합니다. 그러면 어떻게 해야 할까요?

솔로몬은 그의 기도 가운데 하나님은 하늘에 담기에도 감당할 수 없으므로 작은 성전에 갇혀 있을 수 없다고 고백합니다.

하나님이 참으로 사람과 함께 땅에 계시리이까 보소서 하늘과 하늘들의 하늘이라도 주를 용납하지 못하겠거든 하물며 내가 건축한 이 성전이오리이까 그러나 나의 하나님 여호와여 주의 종의 기도와 간구를 돌아보시며 주의 종이 주 앞에서 부르짖는 것과 비는 기도를 들으시옵소서 주께서 전에 말씀하시기를 내 이름을 거기에 두리라 하신 곳 이 성전을 향하여 주의 눈이 주야로 보시오며 종이 이곳을 향하여 비는 기도를 들으시옵소서 주의 종과 주의 백성 이스라엘이 이곳을 향하여 기도할 때에 주는 그 간구함을 들으시되 주께서 계신 곳 하늘에서 들으시고 들으시사 사하여 주옵소서 _ 대하 6:18-21

우리는 요즘 함께 모여서 드리는 현장 예배가 얼마나 소중한지를 깨닫고 있습니다. 그러나 우리는 어느 곳에 있든지 하나님을 진심으로 예배하며, 전심으로 기도할 수 있습니다. 하나님은 어느 곳에서나 우리의 기도를 들으십니다.

저는 코로나 사태가 본격적으로 시작되었을 때 호세아서 6장 말씀을 통해 '한반도여 여호와께 돌아오라'는 설교를 했습니다(본 책 에필로그에 수록). 하나님은 진실로 이 코로나 바이러스가 가져온 변화를 통해 하나님의 백성이 하나님께 돌아오기를 간절히 원하십니다. 하나님은 하나님께로 돌아온 우리의 마음을 고쳐 주길 원하십니다. 하나님의 백성이 돌아와 이 고난과 고통을 위해 기도할 때 하나님께서 그 능력을 펴사 우리 삶을 회복시키실 줄 믿습니다.

예배를 위한 기도

아버지, 성전이 가득 차야 함에도 불구하고 사람들이 모이지 않은 이 참담함을 주님 앞에 고백합니다. 하나님 우리 안에 두려움이 있습니다. 그러나 우리 안에 또한 믿음이 있음을 주님 앞에 고백합니다. 이 두려움을 하나님 앞에 기도로 승화시킬 수 있도록 우리를 붙들어 주옵소서. 두려움을 가지고 주님 앞에 회개함으로 나아갈 수 있도록 인도하여 주옵소서. 코로나 바이러스를 두려워하는 것이 아니라 천지를 주관하고 이끌어 가시며 나의 생명을 주관하시는 하나님을 두려워할 수 있도록 하옵소서.

하나님, 역대하 7장 13-14절을 주신 것을 감사합니다. 솔로몬의 장문의 기도를 요약하여 그 밤에 솔로몬에게 말씀하신 주님, 우리가 곳곳에서 기도하는 모든 기도를 듣고 계심을 이 말씀을 통해 깨닫게 하옵소서.

우리를 위로하시고 격려하시며 다시 살리시는 예수 그리스도의 이름으로 축복하고 기도합니다. 아멘.

14장

절망 중에 성령으로 예배하라

겔 36:24-27

회복의 핵심은 예배입니다

BC 597년, 그러니까 북이스라엘이 멸망(BC 722년) 한 지 125년째 되는 해에, 남유다에 검은 그림자가 짙게 드리웠습니다. 바로 바벨론의 느브갓네살왕이 대군을 이끌고 남유다 예루살렘을 두 번째로 침공한 재앙이 닥친 것입니다. 바벨론은 이 침공으로 당시 유다 왕 여호야긴을 비롯해서 미래 정치 집단이 될 엘리트들을 바벨론으로 끌고 갔습니다. 대략 1만 명의 유대인이 포로로 끌려갔지요. 이 무리에 에스겔이 포함되었습니다. 다니엘은 1차 침공 때 이미 바벨론으로 끌려간 상태입니다.

에스겔은 바벨론의 남동부 그발강가 델아빕이라는 곳에서 함께 붙들려 온 포로들과 살다가 5년 후인 BC 593년 하나님의 부르심을 받고 선지자로서 활동하게 됩니다. 처음부터 부르심을 받은 것이 아니라 바벨론에서 5년가량 살다가 부르심을 받은 것입니다.

그런 점에서 에스겔은 유다의 멸망을 전후해서 활동한 선지자들과 비교됩니다. 이사야는 예루살렘의 멸망을 경고하는 메시지를 전했고, 예레미야는 멸망의 한복판에서 울음을 멈추지 못했으며, 다니엘은 포로기에 바벨론으로 잡혀간 뒤 등용되어 하나님과 이스라엘을 위해 일했습니다. 하지만 에스겔은 이미 국운이 기울어 바벨론의 포로로 잡혀온 백성들 사이에서 하나님의 말씀을 전했습니다. 그리고 일부 지도층이 아니라 온 백성들에게 하나님의 말씀을 전했습니다.

생각해 보십시오. 죄악의 결과로 국운이 완전히 기울어진 상태에서 1만 명이 넘는 인재들이 바벨론에 포로로 잡혀간 상황입니다. 백성들에게 무슨 소망이 있겠습니까? 실제로 에스겔이 말씀을 전한 지 7년째 되는 해(BC 586년)에 남유다가 완전히 멸망하게 되었습니다.

아무런 소망이 없는 상황에서도 에스겔은 회개를 촉구하고 회복을 예언하며 소망을 심었습니다. 그 유명한 마른 뼈들이 살아나는 환상을 보고 말씀으로 기록한 에스겔은 성전과 예배의 회복을 외친 선지자입니다.

코로나가 좀처럼 사그라들 기미가 보이지 않는 이때, 더구나 한국전쟁이 일어난 지 70년이 되는 이때, 에스겔서는 우리에게 소중한 메시지를 전하고 있다고 생각합니다.

에스겔서는 총 48장으로, 크게 세 부분으로 나눌 수 있습니다. 1~24장까지는 남유다 왕국에 대한 심판이고, 25~32장은 주변 국가들에 대한 심판이며, 33~48장은 이스라엘의 회복에 대한 예언입니다. 특히 33~39장은 삶의 회복에 대하여 다루고 있고, 40~48장은 예배의 회복에 대하여 다루고 있습니다.

나라가 멸망한 최악의 상황에서 하나님은 회복을 말씀하십니다. 그런데 그 회복의 핵심은 바로 예배입니다. 당시 백성은 나라의 회복을 위해 간절히 울부짖었을 것입니다. 하지만 하나님은 하나님 백성의 생명은 나라의 회복보다 나의 주인 되신 하나님을 향한 예배가 먼저 회복되는 데 있음을 알려 주셨습니다.

하지만 나라도 잃고, 집도 잃고, 가족과 친지도 잃은 이 처참한 상황에서 무슨 힘으로 예배를 회복한단 말입니까? 하나님은 성령의 역사를 통하여 예배를 회복할 수 있다고 말씀하십니다.

전적으로 하나님의 인도하심을 따르십시오

> 내가 너희를 여러 나라 가운데에서 인도하여 내고 여러 민족 가운데에서 모아 데리고 고국 땅에 들어가서 _ 겔 36:24

하나님은 전쟁으로 흩어진 이스라엘 백성들을 모든 나라로부터 찾아서 모으겠다고 말씀하십니다. 그리고 결국에는 그들을 고향인 예루살렘으로 돌아오게 하겠다고 선언하십니다. 실제로 이스라엘 백성은 바벨론의 포로생활을 마치고 약 70년 만에 다시 돌아오게 됩니다. 그 때와 방법은 하나님만이 아시고 행하십니다.

본문의 주어도 하나님입니다. 회복은 내가 스스로 할 수 있는 것이 아니라 하나님이 해주시는 것입니다. 만약 지금 절망 가운데 있다면, 가장 먼저 할 일이 하나님 앞에 모든 것을 내려놓고 그분의 인도하심을 받는 것입니다.

우리는 때로 우리가 주체가 되어 하나님을 예배한다고 착각하곤 하는데, 예배는 하나님의 임재하심이 없으면 불가능합니다. 특별히 하나님의 영이신 성령님 안에서 예배하지 않으면 예배는 지루한 종교적 예식일 뿐입니다. 그런 예배에서는 기쁨이나 능력을 경험할 수 없습니다. 전적으로 하나님의 인도하심을 따르겠다는 자세만 있으면 내가 비록 부족해도 하나님께서 그 예배를 인도하십니다.

생각해 보십시오. 조국을 잃고 포로로 끌려온 이스라엘 백성이 어떻게 자기 힘으로 자기 고향 땅으로 돌아갈 수 있겠습니까?

남북이 분단된 지 꽤 오랜 시간이 지난 우리나라도 마찬가지입니다. 그동안 꾸준히 분단 상황을 극복하기 위해 노력했지만, 통일은 하나님의 인도하심이 있어야 가능합니다. 분단을 통일로 바꾸는 것은 우리 힘이 아니라 하나님의 인도하심이 있어야 합니다.

이스라엘 백성은 나라에 주권이 있고 평안할 때는 죄를 짓기 바빴습니다. 하나님을 기만하기 일쑤였습니다. 그 죄의 결과로 이스라엘 백성은 모든 것을 잃고 절망에 빠지게 되었습니다. 바로 이때 하나님은 나 여호와가 너희를 인도하겠다, 너희를 모으겠다고 선언하셨습니다. 하나님께서 드디어 일하기 시작하셨습니다. 죄와 정욕을 탐닉하느라 힘이 다 빠졌을 때 하나님께서 우리 인생의 전면에 나서십니다.

어느 통계에 의하면, 코로나가 완전히 종식되면 현장 예배로 복귀하겠느냐는 질문에 10%는 '아니오'라고 답했고, 20%가 '글쎄요'라고 답했다고 합니다. 그러니까 30%는 온라인 예배에 만족하고 현장으로 돌아오지 않겠다고 대답한 것입니다.

오프라인으로 드리든 온라인으로 드리든 예배는 하나님께로 돌아가는 것입니다. 하나님께 돌아가는 일은 철저히 하나님의 인도하심을 받아야 가능합니다. 예배는 무엇인가, 과연 내가 추구한 신앙생활은 무엇인가, 나의 가치관은 무엇인가, 하나님은 말씀을 통해 무엇을 가르치고 싶으신가, 그 의미를 본질적으로 고민하는 것이 하나님께 돌아가는 길입니다. 코로나 사태는 내 백성을 돌아오게 하시려는 하나님의 인도하심의 차원에서 해석해 볼 필요가 있습니다.

절망 가운데 있을 때, 하나님의 성령으로 예배하려면 구체적으로 어떻게 해야 할까요?

정결함을 받으십시오

북이스라엘과 남유다 왕국이 멸망한 가장 직접적인 원인은 우상숭배였습니다. 우상숭배는 우선순위의 문제입니다. 하나님보다 더 중요한 것이 바로 우상이 될 수 있습니다.

하나님을 창조주와 구원자로 믿으며 예수님을 내 인생의 주인으로 모시는 것이 곧 예배입니다. 이 예배가 곧 내 인생의 우선순위는 하나님이시라는 고백입니다. 따라서 예배는 '최고의 하나님께 최고의 것으로 영광 돌려 드리는 전인격적인 행위'입니다.

이스라엘의 문제는 하나님을 예배하지 않은 것이 아닙니다. 문제는 그들이 다른 이방신을 하나님 위에 두었다는 것입니다. 여호와 하나님의 존재를 알면서도 그분께 최고의 영광을 돌려 드리지 않고 도리어 우상숭배를 한 것입니다. 하나님은 이를 영적 간음이라면서, 맑은 물로 씻어 정결하게 하겠다고 말씀하십니다.

> 맑은 물을 너희에게 뿌려서 너희로 정결하게 하되 곧 너희 모든 더러운 것에서와 모든 우상숭배에서 너희를 정결하게 할 것이며
> _ 겔 36:25

성경에서 맑은 물은 주로 성령의 역사를 뜻합니다. 어린아

이가 밖에 나가서 놀다가 진흙탕에 빠져 온 몸이 흙투성이가 되어 돌아왔을 때, 부모는 맑은 물로 씻어 줍니다. 하나님도 우상숭배로 더러워진 이스라엘 백성을 성령으로 깨끗하게 씻어 정결하게 하십니다. 아버지의 마음이며 부모의 마음입니다.

> 이 강물이 이르는 곳마다 번성하는 모든 생물이 살고 또 고기가 심히 많으리니 이 물이 흘러 들어가므로 바닷물이 되살아나겠고 이 강이 이르는 각처에 모든 것이 살 것이며 _ 겔 47:9

에스겔이 환상 가운데 거룩한 하나님의 전으로부터 흘러나오는 강을 보게 됩니다. 이 강물은 모든 것을 씻어 주고, 깨끗게 하며, 새롭게 하는 성령의 역사를 의미합니다. 코로나 사태는 그동안 과속으로 달리기만 하던 우리의 삶을 멈추고 우리의 죄와 허물을 들여다보게 하는 은혜가 숨겨져 있습니다. 나를, 공동체를, 나라와 민족을 돌아보게 합니다. 특별히 그리스도인으로서 나의 영적 상태를 구석구석 돌아보게 합니다.

코로나가 우리를 멈추게 했다면, 잠잠히 서서 주의 성령이 맑은 물로 정결케 하시는 역사를 경험해야 합니다. 죽었던 모든 것이 다시 살아나는 역사를 경험해야 합니다.

새 영을 통해
마음을 새롭게 하십시오

> 또 새 영을 너희 속에 두고 새 마음을 너희에게 주되 너희 육신에서 굳은 마음을 제거하고 부드러운 마음을 줄 것이며 _겔 36:26

하나님을 예배하는 것에서 떠나 우상을 숭배하는 것은 죽어서 감각이 없는 상태나 마찬가지입니다. 에베소서는 하나님을 떠난 이방인들의 상태를 이렇게 말합니다.

> 그들의 총명이 어두워지고 그들 가운데 있는 무지함과 그들의 마음이 굳어짐으로 말미암아 하나님의 생명에서 떠나 있도다 그들이 감각 없는 자가 되어 자신을 방탕에 방임하여 모든 더러운 것을 욕심으로 행하되 _엡 4:18-19

마음이 딱딱하게 굳어질 대로 굳어져서 누가 뭐라고 해도 도무지 듣지 않습니다. 무지함으로 똘똘 뭉쳐서 죄에 대해서도 무감각해 무시로 죄를 짓습니다. 뉴스를 통해 전해지는 인면수심의 범죄자들이 전혀 죄책감을 느끼지 못하는 것은 이 때문입니다. 한마디로 물기도 없고 생기도 없는 마른 뼈의 모습입니다. 뼈는 완전한 죽음의 상태를 의미합니다. 심판받은 후 이스라엘 백성이 이와 같았습니다. 모든 소망이 끊어져 죽은 것과 다름없는 상태입니다.

이 죽음의 상태에 있는 백성들에게 하나님은 사방에서 생기를 모아 불어넣어 주십니다. 생기란 히브리어로 '르하흐'로 바람, 호흡, 영이라는 뜻입니다. 여기선 단순한 영이 아닌 하나님의 성령을 의미합니다. 마른 뼈들에 생기를 불어넣을 수 있는 유일한 동력, 힘은 바로 하나님의 영입니다.

하나님은 마른 뼈들에 성령의 생기를 불어넣으므로 살아나게 하시고, 그들로 군대를 만드십니다. 하나님의 성령을 통해 예수 그리스도의 군사로 만들어지는 것입니다. 놀라운 회복을 약속하는 말씀입니다. 나라를 잃고 포로가 된 이스라엘 백성들에게 이 말씀이 얼마나 가슴 뛰는 것이었을까요?

> 또 새 영을 너희 속에 두고 새 마음을 너희에게 주되 너희 육신에서 굳은 마음을 제거하고 부드러운 마음을 줄 것이며 _겔 36:26

하나님은 마른 뼈처럼 생명이 없이 굳어 버린 우리 심령에 하나님의 영이신 거룩한 영을 부어 주십니다. 죽은 영을 제거하고 새 영을 부어 주시므로 새 마음, 부드러운 마음을 만드십니다. 그 마음은 옥토입니다. 옥토에 하나님의 말씀이 심기면 30배, 100배의 놀라운 열매를 맺게 됩니다.

이스라엘 백성은 우리보다 더 철저히 예배를 드렸습니다. 그러나 그들의 영은 딱딱하게 굳어서 마른 뼈와 같이 생기가 없었습니다. 마찬가지로 우리가 매주 예배를 드린다 해도 그것이 우리 영이 살아 있다는 증거가 되지는 않습니다. 마음이 강퍅합니까? 하나님께 엎드리십시오. 하나님께서 새 영을 부어 주시므로 새로운 마음을 주실 것입니다. 굳고 딱딱하고 죽은 영을 비우시고 하나님의 새 영으로 채우실 것입니다. 마음을 부드럽게 하는 것은 성령의 역사 외에는 없습니다. 하나님의 성령은 죽어 버린 마른 뼈라도 살리십니다.

새 영을 통해
삶의 예배를 드리십시오

> 또 내 영을 너희 속에 두어 너희로 내 율례를 행하게 하리니 너희가 내 규례를 지켜 행할지라 _ 겔 36:27

여기서 율례와 규례란 하나님이 정하신 율법을 말합니다. 율법은 하나님의 말씀입니다. 이 율법으로 자신과 사람을 옭아매는 율법주의가 나쁜 것이지, 율법 자체는 선한 것입니다.

그런데 하나님의 말씀인 이 율법을 죄인인 우리가 온전히 지키는 것은 불가능합니다. 율법은 우리의 초등교사입니다. 아무리 노력해도 우리는 이 율법을 지킬 수 없다는 사실을 인정하게 만드는 것입니다. 하나님의 말씀을 지킬 수 있는 능력은 내 안에 있는 것이 아니라 하나님의 영이신 성령에 있습니다.

제자들은 부활하신 예수님의 몸을 보고도 하나님 나라의 의미를 깨닫지 못했습니다. 그러나 예수님이 보내신 성령의 역사를 통하여 제자들은 비로소 변화되었고 예수님이 하신 말씀을 온전히 깨닫게 되었습니다.

하나님의 깊은 것이라도 통달하시는 성령님이 우리의 마음을 새롭게 하시고, 그분이 우리의 마음에 충만할 때 우리는 자연스럽게 그분의 말씀을 이해하게 되고 순종하게 됩니다.

우리의 이성으로는 영이신 하나님을 이해할 수 없습니다. 그의 말씀을 순종할 수 없습니다. 하나님의 영이신 성령의 역사가 있어야 말씀이 이해되고 나의 죄인됨을 인정하게 되며 말씀을 삶에 적용하게 됩니다. 그러면 공예배와 개인 예배가 회복되고 삶으로 드리는 예배가 회복됩니다.

삶으로 드리는 예배가 무엇입니까? 예배당을 벗어나서도 예배자로서 삶을 살아가는 것을 말합니다. 한 시간만 하나님을 예배하는 것이 아니라 우리 삶 전체를 통해 하나님을 예배하는 것입니다.

이번 코로나 사태는 우리를 예배당 신앙에서 삶의 신앙으로 옮겨 놓고 있습니다. 삶으로 드리는 예배를 회복할 것을 촉구하고 있습니다.

가인은 예배도 드리고 제물도 드렸지만, 하나님이 그의 제사를 받지 않으셨습니다. 이유가 무엇입니까? 예배와 삶이 분리되어 있었기 때문입니다. 하나님의 말씀이 그의 삶의 중심에 있지 않았기 때문입니다. 죄 가운데 있으면서 말씀을 무시하는 가인의 삶을 하나님은 받으실 수 없었던 것입니다.

하나님은 우리가 하나님이 주신 말씀대로 살기를 원하십니다. 하나님이 부어 주신 새 영, 즉 성령을 따를 때 우리는 하나님의 말씀을 따라 살 수 있습니다.

하나님은 마른 뼈 같은 이스라엘 백성을 하나님의 영으로 새롭게 하겠다고 하십니다. 모든 것을 잃어버린 그들에게 새 영을 부어 주셔서 말씀을 따라 살게 하실 것입니다. 삶으로 드리는 예배를 회복시키실 것입니다. 에스겔서 47~48장에서 하나님은 삶의 예배가 이스라엘의 회복이 될 것임을 분명히 하십니다.

얼마 전 우리 교회는 코로나 사태로 인한 수혈용 혈액 부족을 돕기 위해 2차로 사랑의 헌혈 행사를 진행하였습니다.

저는 3시쯤 응원하러 갔다가 헌혈하는 이들에게서 삶의 예배를 보았습니다. 마침 두 청년이 헌혈을 위해 누워 있었는데, 그중 한 청년이 스물 여섯이라는 적지 않은 나이에 신학교에 들어가서 신학 공부를 시작했다고 했습니다. 요즘 같은 때 신학을 하고 목회자가 된다고 하면 참으로 대견스럽습니다.

그런데 더 놀라운 것은 그 옆에 누워 있던 청년이었습니다. 이 청년이 이제 신학생이 된 청년을 위해 4년간 복음을 전했다는 것입니다. 이 청년 덕분에 신학생은 2년 전부터 예배를 드리기 시작했고 하나님을 만난 뒤 자신의 삶을 하나님 앞에 드리기로 결단했다는 것입니다.

전도한 친구의 삶이 얼마나 신실했으면, 4년 만에 교회에 나오게 되고, 또 2년 만에 하나님께 자기 삶을 드리겠다는 결심을 하게 되었을까요? 전도한 친구가 평소 삶의 예배를 드리지 않았다면, 그런 일은 일어나지 않았을 것입니다. 친구의 삶 속에서 역사하시는 하나님을 보았기에 그런 일이 일어날 수 있었습니다. 두 청년의 이야기를 들으며 절망 가운데 있는 한국 교회의 소망을 본 듯했습니다.

말씀에 능력이 있음을 경험하게 되면 그때부터 삶의 문제를 말씀으로 해석하게 됩니다. 말씀이 마른 뼈를 일으켜 세우는 것을 경험하면, 그때부터 성령의 조명하심을 따라 매 순간을 살게 됩니다.

에스겔서가 던지는 희망의 메시지

앞에서 살펴본 솔로몬의 기도를 기억하십니까? 솔로몬은 이스라엘이 망하고 뿔뿔이 흩어지게 되었을 때 회개의 기도를 드리게 해달라고 했습니다. 그리고 그 기도에 응답해 달라고 했습니다. 에스겔서는 솔로몬의 마지막 기도가 현실이 된 상황에서 쓰인 책입니다. 죄와 불순종으로 패역한 백성들에게 지금 필요한 것은 솔로몬이 기도했듯이 하나님께 회개하는 것이었습니다. 하나님은 에스겔을 통해 백성이 회개하고 돌아오면 회복해 주시겠다고 약속하십니다.

에스겔서는 이스라엘 백성에게 필요한 예배의 회복을 설파하고 있습니다. 그런데 예배의 회복에 앞서 하나님은 먼저 하나님의 영, 성령을 부어서 백성의 마음을 새 영으로 갈아엎겠다고 말씀하십니다. 구약이나 신약이나 어느 시대를 막론하고 성령의 역사가 없으면 사람은 변하지 않습니다. 성령의 역사가 없으면 예배도 마음이 부패하고 게으르며 자기가 중심이 된 예배를 드리게 됩니다. 하나님을 기쁘시게 하는 예배를 드릴 수 없습니다.

이스라엘이 마른 뼈와 같이 영적으로 생명이 없었을 때, 가장 큰 문제가 된 것이 민초의 삶과 예배였습니다. 안 그래도 하루하루 근근이 살던 민초들은 그마저 빼앗기게 되어 극심한 고통을 겪어야 했습니다. 하지만 상위 30%는 민초들에 비해 큰 타격을 입지 않습니다. 그들은 하위 70%가 고통 가운데 있을 때 그들을 외면하거나 도리어 압제해서 더욱더 고통스럽게 할 따름입니다. 영적으로 병들면 삶의 예배가 없으니 타인을 돌아보지 않게 됩니다. 더구나 이스라엘 백성은 이제 예배도 함께 모여 드릴 수 없게 되었습니다. 형식적으로나마 드리던 예배조차 드릴 수 없게 된 것입니다.

이번 코로나 사태로 인해 민초의 삶이 더 고단해졌습니다. 뿐만 아니라 함께 모여 예배드리는 것이 힘들어졌습니다. 소그룹 모임까지 통제를 받고 있는 상황입니다. 사탄은 참으로 교묘해서 가능한 모든 동력을 다 끊어 놓고 있습니다. 이때 우리는 무엇을 해야 합니까? 무엇을 할 수 있습니까?

에스겔이 그발강가에서 주님을 만났듯이, 우리도 주님을 만나야 합니다. 에스겔이 성령으로 새롭게 되었듯이, 우리도 주님의 영으로 새로워져야 합니다. 비록 코로나로 인해 공예배를 드리지 못하지만 우리는 하나님의 영으로 묶여 있습니다.

예루살렘과 바벨론 그발강가의 델아빕은 1000km 이상 떨어져 있습니다. 그런데도 하나님의 영으로 둘 사이가 끊어진 적이 없습니다. 로마의 핍박으로 사방으로 흩어져야 했던 초대교회 성도들도 하나님의 영으로 하나되어 한마음으로 기도하고 복음을 전했습니다. 하나님의 거룩한 영이 인도하시므로 물리적으로 불가능한 상황에서도 초대교회는 폭발적으로 부흥했습니다. 그러므로 하나님의 영의 인도하심을 받지 않는 예배, 기도, 성경 공부, 제직 회의, 교회 사역은 모두 포장만 그럴 듯할 뿐 마른 뼈와 같이 생명이 없는 것입니다.

에스겔서 8장에서 에스겔이 환상 가운데 하나님의 인도하심을 따라 예루살렘에 가게 됩니다. 하지만 에스겔의 몸은 여전히 포로로 끌려온 바벨론에 있습니다. 우리가 성령님과 함께하면 에스겔처럼 기도 가운데 시간과 공간과 문화를 초월하게 됩니다.

나라가 망하고 백성이 포로로 잡혀간 참혹한 상황이지만, 성령의 인도하심을 따르면 하나님이 주시는 담대함과 확신과 평안을 유지할 수 있습니다.

하나님은 이스라엘 백성들에게 성령을 통하여 예배를 회복하라고 말씀하십니다. 예배는 하나님을 만나는 것입니다.

에스겔서의 주제는 하나님 백성에 대한 심판과 회복입니다. 이스라엘 백성이 나라를 잃고 포로로 끌려간 것은 그들의 죄에 대한 심판의 결과입니다. 심판은 끝을 알 수 없는 절망을 가져왔습니다. 그 절망의 한복판에서 예배의 회복을 외치며 새 예루살렘에 대한 비전을 제시한 선지자가 바로 에스겔입니다. 에스겔서는 그런 점에서 오늘 절망의 한복판에 있는 우리 모두에게 던지는 희망의 메시지입니다. 여호와 삼마, '하나님께서 거기 계십니다.' 하나님은 주의 백성들이 예배하는 곳에 계십니다.

> 내가 너희를 여러 나라 가운데에서 인도하여 내고 여러 민족 가운데에서 모아 데리고 고국 땅에 들어가서 맑은 물을 너희에게 뿌려서 너희로 정결하게 하되 곧 너희 모든 더러운 것에서와 모든 우상 숭배에서 너희를 정결하게 할 것이며 또 새 영을 너희 속에 두고 새 마음을 너희에게 주되 너희 육신에서 굳은 마음을 제거하고 부드러운 마음을 줄 것이며 또 내 영을 너희 속에 두어 너희로 내 율례를 행하게 하리니 너희가 내 규례를 지켜 행할지라_겔 36:24-27

예배를 위한 기도

Prayer

하나님, 하나님의 임재를 의미하던 성전이 무너지고 나라가 멸망해서 바벨론에 포로로 끌려간 이스라엘 백성에게 주님은 성령을 통해 새 영을 부어 주어 예배를 회복시키겠다고 말씀하셨습니다. 여호와 삼마, 주님께서 그 회복을 이루겠다고 말씀하셨습니다.

살아 계신 하나님, 지금 우리는 함께 모여 예배를 드리기 힘든 상황입니다. 소모임도 제한받는 상황입니다. 이 절망스러운 상황에서 주님의 말씀을 의지하여 회복을 희망합니다. 개인과 가정과 민족이 전적인 하나님의 인도하심을 받게 하여 주옵소서. 우상을 섬기지 않고 무엇보다도 성령을 통해서 삶의 예배가 회복될 수 있도록 축복하여 주옵소서.

놀라우신 예수 그리스도의 이름으로 축복하며 기도합니다. 아멘.

15장

예배의 삼겹줄이 필요하다

단 6:5-10

지금이 최악은 아닙니다

2020년 6월, 미국의 억만장자가 고층 빌딩에서 투신 자살한 사건이 일어났습니다. 그는 죽기 전 코로나로 인해 격리된 삶에 대한 답답함을 호소했다고 하는데, 코로나로 인한 우울증이 그를 죽음으로 내몰지 않았을까 합니다. 실제로 미국인 3명당 한 명이 코로나 블루(Corona Blue)를 겪고 있다고 합니다. 한국인은 5명당 한 명이라고 합니다.

코로나 바이러스는 좀처럼 누그러들 기미를 보이지 않고, 사람들은 점점 더 예민해지고 있습니다. 부정적이고 두려워하며 절망적인 모습을 보이고 있습니다.

그리스도인으로서 현재 우리의 가장 큰 소망은 서로가 얼굴을 맞대고 한곳에 앉아 함께 예배를 드리는 것입니다. 처음엔 두어 달이면 되겠지 했던 것이 올해도, 내년에도 예전의 삶으로 돌아갈 수 없을지 모른다니까 앞으로 어떻게 신앙생활을 해야 하는지 고민하지 않을 수 없습니다. 과연 현장 예배는 복구될 것인가, 복구되지 않는다면 다른 대안은 있는가, 여러 각도에서 고민이 됩니다.

그런데 교회사 2천 년 역사를 돌아보면, 지금이 최악은 아닙니다. 14세기 유럽의 흑사병 사망자는 7천만 명에서 많게는 2억만 명까지 추산됩니다. 또한 20세기 초 스페인 독감으로 약 5천만 명이 사망했습니다. 그뿐입니까? 1차 세계 대전으로 천만 명 가까이 사망했고, 2차 세계 대전에서는 6~8천만 명이 사망했습니다. 한국전쟁에서는 500만 명가량이 사망했습니다.

기독교 학자들은 교회사 2천 년 역사에서 순교자가 약 7천만 명에 이를 것으로 추정합니다. 순교자는 영어로 'martyr'(마터)인데 헬라어로는 '죽음으로 그리스도를 증거하는 그리스도인'이란 뜻입니다. 윌리암 타일러가 쓴 《박해와 순교》에서는 국가 간 전쟁이나 내전의 상황까지 추가하면 순교자는 7천만 명을 훨씬 능가할 것으로 봅니다.

수치로 볼 때 가장 많은 순교자가 발생한 것은 20세기입니다. 특히 1921년부터 1980년까지 구 소련 수용소에서 무려 2천만 명이 넘는 그리스도인들이 신앙 때문에 순교했습니다. 중국에서도 수많은 그리스도인들이 공산주의 체제 아래에서 순교했습니다.

7천만 명 중 3천만 명가량이 20세기에 순교를 당한 것입니다. 그들은 대개 하나님을 믿는 신앙을 지키기 위해 자기 목숨까지 아끼지 않았습니다.

그렇다면 현재 코로나 전염병이라는 우리 시대 최악의 상황에서 우리는 과연 어떻게 신앙을 지키고 있습니까? 만약 하나님을 예배하지 못하게 하는 물리적인 압력이 가해진다면 어떻게 할 것입니까?

신앙이란 고난이라는 한복판에서만 그 진위를 알 수 있습니다. 고난이 아니고선 내가 정말로 하나님을 사랑하는지 잘 알기 어렵습니다. 그런 점에서 코로나 사태는 우리의 신앙을 진지하게 점검해 보는 기회이기도 합니다.

위기가
다니엘의 신앙이 되었습니다

다니엘은 조국인 남유다가 풍전등화의 위기를 겪고 있는 와중에 바벨론에 포로로 끌려온 청년이었습니다. 성경학자들은 당시 다니엘의 나이를 15~16세로 추정합니다.

BC 605년 바벨론의 느브갓네살왕이 남유다를 침공하고 유다 여호야김왕과 왕족들, 인재들을 포로로 잡아 갔는데, 이 무리 중에 다니엘과 그의 신앙의 친구들이 포함되어 있었습니다.

이렇게 암울한 시대에 가족과 조국을 떠나 포로로 잡혀간 다니엘이지만, 그는 자신의 신앙을 세상의 유익과 바꾸지 않았습니다. 다니엘에게는 다행히도 신앙을 지키는 데 절대 타협할 줄 모르는 하나냐, 미사엘, 아사랴라는 세 친구가 있었습니다.

다니엘서는 시대의 아픔 속에서, 더구나 이방신을 섬기는 나라의 한복판에서 하나님을 예배하는 신앙을 포기하지 않고 믿음을 지켜 나간 젊은이들의 이야기를 하고 있습니다. 다니엘과 세 친구는 믿음을 지키는 대가로 목숨을 잃을지 모르는 위기까지 감수합니다.

다니엘은 신앙을 지키기 위해 궁중에서 왕의 시중을 들도록 훈련시키는 소년들에게 제공하는 왕의 음식과 포도주를 거절했습니다. 하나님은 다니엘이 이렇게 믿음의 선포를 하는 순간, 그의 삶에 개입하기 시작했습니다. 다니엘과 세 친구의 체력과 지혜를 바벨론 청년들을 압도할 만큼 크게 해주신 것입니다. 특히 다니엘은 하나님의 능력을 힘입어 느브갓네살왕의 꿈을 해석해 줌으로써 바벨론 정부의 요직에 발탁되었습니다.

다니엘서 6장 7-16절은 한 시대를 풍미한 바벨론이 역사의 무대 뒤로 사라지고 메대와 바사가 세운 페르시아가 새 시대의 패권을 주도하는 역사를 배경으로 하고 있습니다. 그런데 놀랍게도 나라의 주인이 바뀌었음에도 불구하고 다니엘은 페르시아 다리오왕에게 발탁되어 그의 신임을 얻었습니다. 다리오왕은 다니엘의 성품과 실력을 인정해서 페르시아의 120도를 다스리는 세 명의 총리 중에서도 가장 높은 위치에 다니엘을 등용합니다. 뿐만 아니라 그의 신앙을 존중합니다.

하지만 다리오왕 주변에는 다니엘을 시기하고 질투하는 무리가 있었습니다. 그도 그럴 것이 포로 출신의 이민자가 최고의 권위를 차지했으니 권력자들이 가만있을 리 없었습니다. 그들은 서로 머리를 맞대고 하나님을 섬기는 이방인 총리를 몰아내기로 작정합니다.

그러나 다니엘에게서 어떤 허점도 찾을 수 없었던 그들은 다니엘의 타협이 없는 신앙을 빌미로 그를 함정에 빠뜨릴 계획을 세웁니다. 그들은 다리오왕 외에는 어떤 신에게도 절하고 예배해선 안 된다는 조서를 꾸미고 이를 어길 경우 사자 굴에 던져질 것이라고 엄포를 놓기로 한 것입니다.

> 나라의 모든 총리와 지사와 총독과 법관과 관원이 의논하고 왕에게 한 법률을 세우며 한 금령을 정하실 것을 구하나이다 왕이여 그것은 곧 이제부터 삼십일 동안에 누구든지 왕 외의 어떤 신에게나 사람에게 무엇을 구하면 사자 굴에 던져 넣기로 한 것이니이다
> _단 6:7

이들은 왕의 도장이 찍히면 아무리 왕이라도 쉽게 바꿀 수 없다는 단서까지 붙여서 그들이 만든 이 법령에 왕의 도장을 찍어서 발표합니다. 오직 왕에게만 절을 해야 한다는 이 법을 좋아하지 않을 왕이 어디 있겠습니까. 다리오왕은 그들의 제안을 흔쾌히 받아들였습니다.

다니엘의 가장 큰 장점이자 약점은 그가 결코 세상과 타협하지 않는 신앙인이라는 것입니다. 만일 다니엘이 하나님을 믿는 신앙이 당연한 유다 땅에서 살았다면 이 같은 신앙을 가질

수 있었을까요? 이방 땅에서 이방인으로 살아야 하는 환경에서 삶이 무너진 경험을 했기에 하나님을 찾았을 테고, 그렇게 하나님을 만났기에 타협이 없는 신앙을 가질 수 있지 않았을까요?

어쨌거나 다니엘은 그의 대적들도 인정할 만큼 하나님 신앙을 철저하게 지켰습니다. 우리 주변의 비신자들이 우리더러 저 사람은 신앙에서만큼은 절대 타협하지 않는다고 인정한다면, 우리는 신앙생활을 잘하고 있는 겁니다.

> 다니엘이 이 조서에 왕의 도장이 찍힌 것을 알고도 자기 집에 돌아가서는 윗방에 올라가 예루살렘으로 향한 창문을 열고 전에 하던 대로 하루 세 번씩 무릎을 꿇고 기도하며 그의 하나님께 감사하였더라 _ 단 6:10

역시나 다니엘의 대적들이 예상했듯이, 다니엘은 사자 굴에 던져지는 위험을 감수하면서까지 평소대로 하나님께 무릎 꿇고 기도합니다. 그런데 다니엘은 신앙을 지킬 뿐 아니라 더 나아가 하나님께 감사했다고 합니다. 지금 이 상황이 과연 감사할 수 있는 상황입니까?

> 알고도(상황 파악) 자기 집에 돌아가서(가정예배)… 창문을 열고(신앙 고백이 만천하에 드러난 순간) 전에 하던 대로(영적인 습관)… 무릎을 꿇고 기도하며(기도의 자세) 그의 하나님께 감사하였더라(예배의 본질)

위의 말씀에서 다니엘이 신앙을 지킬 수 있었던 예배의 세 가지를 발견할 수 있습니다. 이는 우리가 코로나라는 전대미문의 위기를 맞아 신앙을 지키는 길을 제시하고 있습니다.

개인 예배를 드리고 있습니까?

다니엘이 이방 땅에서 신앙을 지킬 수 있었던 비결은 첫째, 그가 개인 예배를 드렸다는 것입니다. 모든 영적인 거장들의 힘의 원천은 개인 예배에서 비롯됩니다. 주일 예배 한 번으로 세상의 유혹과 나 자신과 싸워서 승리하기는 거의 불가능합니다.

인간은 본능적으로 하나님 찾기를 거부합니다. 본능적으로 나 중심적인 철학과 삶을 살고 싶어 합니다. 특히 물질이든 권력이든 내 손에 한번 쥐어지면 그것을 이용해 내 삶이든 다른 사람의 삶이든 통제(control)하고 싶어 합니다. 그리고 그것이 우상숭배와 타락의 시작이 됩니다.

따라서 매일 무릎을 꿇고 하나님과 교제하는 시간을 갖는 것은 인간의 본성을 거스르는 일입니다. 그것은 훈련이고, 내 자아를 죽이는 일입니다. 훈련 없이 제자가 되지 않습니다. 자신을 몸에 맡기면 하나님의 길에서 멀어지게 됩니다.

영국의 영성가 윌리엄 로(William Law)도 하나님과 함께하는 삶을 위해선 영적인 훈련이 필요하다고 말했습니다.

"행동은 전적으로 영에 속한 것도 육에 속한 것도 아니며, 습관도 영과 몸 양쪽 모두의 행위에서 나온다. 그러므로 확실한 것은 헌신이나 하나님을 기쁘시게 하는 습관에 이르기를 원한다면, 늘 묵상하고 영을 훈련시키고 또한 내적 기질에 편안함을 느끼는 모든 외적 행동에 대해 몸을 연습시키고 훈련시켜야 한다."

그런데 놀라운 것은 이 훈련을 반복하다 보면 참된 자아가 살아나고 내 안에 살아 계신 하나님의 능력을 경험하게 된다는 것입니다. 예수님도 네 가지 마음 밭을 비유로 말씀하시면서 말씀이 옥토에 심겨야 열매를 풍성히 맺을 수 있다고 하셨습니다. 이 옥토는 바로 말씀 묵상, 큐티 훈련, 새벽기도와 같은 영성 훈련으로 만들어집니다.

다니엘은 이 훈련이 잘되어 있었습니다. 저는 다니엘의 영성 훈련은 고난으로 더 단단해졌다고 생각합니다. 고난이 없으면 사람은 방자해져서 훈련을 게을리하기 때문입니다.

대부분의 경우 우리 각자가 갖고 있는 핸디캡은 우리의 영적 생활을 돕는 수단이 됩니다. 특히 고난은 우리의 영적인 성장을 돕습니다. 코로나 사태는 현대인에게 분명한 고난이지만, 이로 인해 우리는 성장할 수 있고 성숙해질 수 있습니다.

다니엘은 어린 나이에 이방 나라에 포로로 끌려와서 패권국인 바벨론과 페르시아의 총리가 되기까지 하나님과 친밀하게 만나는 개인 예배를 결코 잊지 않았습니다. 이것이 신앙입니다. 내가 가진 모든 것을 잃어버릴지라도 하나님을 만나는 일만큼은 잃어버릴 수 없다는 신념, 이것이 신앙입니다.

다니엘은 왕의 도장이 찍힌 조서는 그 내용을 바꿀 수 없다는 것을 잘 알았습니다. 당시의 상황을 이해하지 못했던 게 아닙니다. 그럼에도 그는 평소처럼 귀가한 뒤 예루살렘으로 향한 창문을 열고 무릎을 꿇고 기도했습니다. 다니엘은 어린 시절부터 시간을 정해 하나님과 만나는 훈련을 해왔던 것입니다.

그런데 놀랍게도 다니엘은 기도하면서 하나님께 감사했습니다. 도무지 감사할 수 없는 상황인데도 그는 감사기도를 했습니다. 어째서 그는 죽을지도 모르는, 도무지 감사할 수 없는 상황에서 감사기도를 올려 드린 걸까요? 모든 축복이 하나님으로부터 나온다는 걸 알았기 때문입니다.

게리 토마스(Gary Thomas)는 경건 훈련을 하면서 다음을 주의해야 한다고 말했습니다.

"영적 삶의 중심은 언제나 체험적인 믿음이 아니라 하나님에게 그리고 그분이 하신 일에 초점을 맞추어야 한다."

하나님만이 균형을 잃어버리지 않습니다. 때문에 하나님만이 우리의 예배 대상이 되십니다. 다니엘의 개인 예배에는 하나님만이 가장 최고의 우선순위였습니다.

함께하는 예배가 있습니까?

요즘 공예배를 드리기 어려워지면서 집에서 예배를 드리는 가정이 많습니다. 예배를 이끄는 주체가 자신 혹은 가족이라는 점에서 좀 더 적극적으로 하나님을 예배할 수 있는 장점이 있습니다. 반면에 시간이 지날수록 게을러지는 단점도 있습니다. 몸이 편하니 마음도 느슨해집니다. 저도 혼자 예배를 드릴 때 마찬가지입니다.

한편, 영상으로 예배를 드리면 목회자가 쓴소리를 해도 크게 마음에 와 닿지 않습니다. 나와 상관없는 일이 되기 쉬운 것입니다. 그래서 목회가 있고 목회자가 있는 것 같습니다. 목회자는 목회를 통해 교인들의 삶과 고민, 눈물을 알게 되고 교제를 통해 말씀으로 위로하고 권면하게 됩니다. 목회자는 교인들의 삶을 하나님의 말씀과 이어 주는 다리 역할을 하는 사람입니다. 목회자의 설교도 그와 같은 역할을 합니다.

하지만 영상 설교는 목회와 상관없이 이뤄지므로 듣는 이로 하여금 마음에 부담을 주지 않습니다. 부담이 없는 만큼 상처도 없는 것이 장점이라면, 부담이 없기에 진정한 회개로 이어질 수 없다는 것이 단점입니다. 하나님께 자신을 산 제물로 드리는 예배를 드릴 수 없는 것입니다. 그래서 코로나로 인한 작금의 상황은 신앙인에게 위기일 수 있습니다.

하나님은 왜 교회를 만드셨을까요? 그것은 예수 그리스도의 몸에 비밀이 있습니다. 우리는 그 몸을 이루는 하나하나의 지체입니다. 생각이 다르고, 나이가 다르고, 문화가 다르고, 생활 여건이 다르지만, 하나님은 우리를 예수 그리스도의 보혈로 하나가 되게 하셨습니다. 개인의 능력이나 물질로 판단하지 않으시는 하나님 앞에 우리는 모두 예수 그리스도의 몸을 이루는 소중한 지체들입니다.

사실 교회는 온갖 종류의 병을 앓고 있는 환자들이 모인 종합병원이라 할 수 있습니다. 이제 막 치료가 끝난 사람도 있고, 치료가 한참 진행 중인 사람도 있고, 이제 치료를 받아야 할 사람도 있습니다. 우리는 각 사람을 내게 유익이 되는 대상으로서가 아니라 그리스도의 은혜의 보혈 속에서 사랑해야 할 대상, 함께 동역할 대상으로 여기며 섬겨야 합니다. 그럴 때 공동체의 예배는 기쁨과 눈물의 축제가 됩니다.

그런데 다니엘은 위기의 순간마다 교회로 달려가고 싶어도 그럴 수가 없었습니다. 그는 종교가 엄격하게 통제된 데다 계속해서 자신의 신앙을 들추어 내 쓰러뜨리려는 주변의 정적들에 휩싸여 있었습니다. 하지만 다니엘에게는 위기 때마다 함께 기도로 중보하고 동역을 해준 친구가 있었습니다. 바로 하나냐, 미사엘, 아사랴입니다. 다니엘서 2장에서 그 사실을 발견할 수 있습니다.

> 이에 다니엘이 자기 집으로 돌아가서 그 친구 하나냐와 미사엘과 아사랴에게 그 일을 알리고 하늘에 계신 하나님이 이 은밀한 일에

대하여 불쌍히 여기사 다니엘과 친구들이 바벨론의 다른 지혜자들과 함께 죽임을 당하지 않게 하시기를 그들로 하여금 구하게 하니라 _ 단 2:17-18

다니엘이 죽음의 위협 속에서도 신앙을 지킬 수 있었던 것은 함께 예배드릴 수 있는 믿음의 동역자가 있었기 때문입니다. 이 믿음의 동역이 얼마나 중요한지 모릅니다.

전 세계 25억의 그리스도인 중에 5분의 2 이상은 아직도 안전한 곳에서 예배드릴 수가 없습니다. 함께 모여 예배드리는 것이 그들의 평생 소원입니다. 예배드리는 현장이 발각되는 순간, 핍박과 죽음이 닥칠 것이기 때문입니다. 우리는 그동안 축복인지도 모르고 누리던 예배를 그들은 목숨을 걸고 간절히 바라고 있는 것입니다.

삶의 예배가 있습니까?

다니엘이 창문을 열고 이스라엘을 향해 기도를 드리자, 주변의 정적들이 기다렸다는 듯이 들고 일어나 다니엘을 고발했습니다. 이때 다리오의 반응이 흥미롭습니다.

왕이 이 말을 듣고 그로 말미암아 심히 근심하여 다니엘을 구원하

려고 마음을 쓰며 그를 건져내려고 힘을 다하다가 해가 질 때에 이르렀더라 _ 단 6:14

이 짧은 문장에서 다리오의 마음을 세 번이나 반복해서 표현하고 있습니다. "근심하여" "마음을 쓰며" "힘을 다하다가". 하지만 다니엘이 국법을 어겼으니 처벌하라는 중신들의 목소리를 외면할 수는 없었습니다. 그래서 조서에 적힌 대로 다니엘을 사자 굴에 집어넣었습니다.

이에 왕이 명령하매 다니엘을 끌어다가 사자 굴에 던져 넣는지라 왕이 다니엘에게 이르되 네가 항상 섬기는 너의 하나님이 너를 구원하시리라 하니라 _ 단 6:16

이교도를 믿는 다리오왕이 오히려 다니엘을 신앙으로 위로하고 있습니다. 성경은 이 점을 주목합니다. 다니엘이 수많은 사람들의 섬김의 대상인 왕조차 인정하는 신앙을 가졌다는 것입니다.

하지만 그의 정적들은 다니엘을 확실히 제거하기 위해 사자 굴을 완전히 봉해 버립니다. 성경은 타들어 가는 다리오왕의 마음을 이렇게 표현하고 있습니다.

왕이 궁에 돌아가서는 밤이 새도록 금식하고 그 앞에 오락을 그치고 잠자기를 마다하니라 _ 단 6:18

왕이 금식했다는 것은 기도했다는 뜻입니다. 누구에게 기도했을까요? 다니엘이 섬기는 하나님께 기도했을 겁니다. 놀랍지 않습니까? 다니엘을 얼마나 아끼고 존경했으면, 온 민족의 섬김의 대상이 다니엘이 섬긴 하나님께 기도했을까요? 이때 다니엘의 나이는 아마도 80세가량인 것으로 추정됩니다.

코로나 사태가 일어나자 우리 주변 사람들이 우리를 주목하고 교회를 주목하고 있습니다. 교회에서 코로나 확진자가 나왔다 하면 일제히 보도하면서 망신을 주고 싶어 합니다. 하지만 다니엘이 어떤 위기가 닥칠지 뻔히 알면서도 신앙을 지켰던 것처럼 우리도 그래야 합니다. 다니엘이 상황을 누구보다 잘 알면서도 상황보다 하나님을 바라본 것처럼 우리도 그래야 합니다. 그런 다니엘을 세상이 인정한 것처럼 우리도 인정받는 신앙인이 되어야 합니다.

"네가 항상 섬기는 너의 하나님이 너를 구원하시리라"는 다리오왕의 말은 우리를 바라보는 세상의 또 다른 시선일 수 있습니다. 우리를 망신 주고 위기에 빠뜨리고 싶은 사람만 있는 것이 아닙니다. 이 점을 우리는 잊지 말아야 합니다.

다리오왕은 다니엘의 신앙심, 그의 정직성, 그의 사람 됨됨이, 그의 행동 철학, 그의 실력, 그가 믿는 하나님을 인정했습니다.

그리스도인들이 고난을 당할 때 세상의 반응은 늘 두 가지로 나뉩니다. 첫째는 '그래 꼴 좋다' 하는 조롱의 반응이고, 다른 하나는 그런 상황에서도 감사와 기쁨이 넘쳐 나는 데 대한 존경의 반응입니다.

기독교의 정의로운 힘이 무엇인지 아십니까? 바로 현실을 도피하지 않는 것입니다. 기독교는 산속으로 들어가지 않습니다. 기독교는 고난을 피하지 않습니다. 기독교는 삶의 현실과 맞서 싸웁니다. 우리의 행동 철학은 하나님의 아들이 세상 한가운데 오셔서 우리를 위해 못 박히신 십자가입니다. 우리의 행동 강령은 십자가와 부활입니다.

그래서 우리는 세상에 살지만 세상에 속하지 않고, 세상의 빛과 소금의 역할을 감당해야 하는 것입니다. 때로 세상의 소리가 우리를 두렵게 합니다. 그 소리도 알아야겠지만 거기에 너무 귀를 기울이면 하나님께서 주시는 은혜의 말씀을 잃어버릴 수 있습니다. 세상이 온통 성공 철학에 물들어 있을 때에도 그리스도인들은 사자 굴 속에 들어가는 심정으로 성공과 실패와 고난을 초월해야 합니다. 그럴 때에만 진정한 삶의 예배가 가능해집니다.

> 그러므로 형제들아 내가 하나님의 모든 자비하심으로 너희를 권하노니 너희 몸을 하나님이 기뻐하시는 거룩한 산 제물로 드리라 이는 너희가 드릴 영적 예배니라 _롬 12:1

다니엘에게는 이 삶의 예배가 있었습니다. 그것을 다리오왕이 알아본 것입니다. 하나님이 살아 계신다면 이렇게 삶의 예배를 드리는 다니엘을 축복하지 않을 수 없을 것입니다.

다음 날 눈물 없이는 볼 수 없는 감동적인 한 편의 드라마가 펼쳐집니다

> 이튿날에 왕이 새벽에 일어나 급히 사자 굴로 가서 다니엘이 든 굴에 가까이 이르러서 슬피 소리 질러 다니엘에게 묻되 살아 계시는 하나님의 종 다니엘아 네가 항상 섬기는 네 하나님이 사자들에게서 능히 너를 구원하셨느냐 하니라 _단 6:19-20

다리오왕의 이 믿음은 어디서 생긴 걸까요?

> 다니엘이 왕에게 아뢰되 왕이여 원하건대 왕은 만수무강하옵소서 나의 하나님이 이미 그의 천사를 보내어 사자들의 입을 봉하셨으므로 사자들이 나를 상해하지 못하였사오니 이는 나의 무죄함이 그 앞에 명백함이오며 또 왕이여 나는 왕에게도 해를 끼치지 아니하였나이다 하니라 왕이 심히 기뻐서 명하여 다니엘을 굴에서 올리라 하매 그들이 다니엘을 굴에서 올린즉 그의 몸이 조금도 상하지 아니하였으니 이는 그가 자기의 하나님을 믿음이었더라 _단 6:21-23

다니엘은 다리오왕만을 경배하지 않은 이유로 사자 굴에 던져진 사람입니다. 그런데 그가 다리오왕 앞에서 하나님을 경배하고 찬양하고 있습니다. 다리오왕은 다니엘의 살아 돌아옴과 고백을 함께 기뻐하고 있습니다. 하나님의 개입하심이 아니면

이 장면을 연출하고 싶어도 할 수 없을 것입니다.

나사로와 요나, 다니엘은 목숨을 위협하는 위기가 닥쳤을 때, 하나님께서 그의 백성을 어떻게 구원하시는지를 보여 주는 그림자입니다. 말세에 하나님께서는 사자가 우글거리는 한복판에서 하나님의 백성을 외면하지 않으며 죄를 사하고 영생을 주시므로 부활로 인도하실 줄로 믿습니다.

하나님은 사자 굴에 던져진 모든 사람을 구원하시지 않았습니다. 삶으로 드리는 예배가 있는 다니엘만 구원하셨습니다. 주일에 드리는 예배로 신앙생활을 다했다고 생각한다면 대단한 착각입니다. 회중 예배는 있으나 개인 예배와 삶의 예배가 없으면 신앙생활을 제대로 하고 있는 것이 아닙니다. 하나님은 예배의 삼겹줄로 예배드리는 이를 구원하십니다. 우리 하나님이 진짜 하나님인가를 알려면 하나님이 내가 드리는 제물에만 관심이 있으신지 아니면 나의 삶의 예배에 관심이 있으신지를 보면 됩니다.

1세기의 그리스도인들은 교회 건물과 프로그램과 재정이 부족해도 부흥을 맛보았습니다. 다니엘의 사자 굴 이야기는 바로 그들의 이야기입니다. 로마의 콜로세움에서 가족이 사자의 먹이가 되는 것을 눈앞에서 목격했음에도 그들은 주님을 배반하지 않았습니다. 하나님은 그들의 삶을 증거로 사용하시며 2천년 기독교 역사를 이어 오셨습니다.

술과 담배의 문제는 기본이고, 성적인 문제, 물질의 문제, 쾌락의 문제, 삶의 가치관과 행동 철학의 모든 문제를 주님 앞에 내려놓지 못하고 있습니까? 그렇다면 이름뿐인 그리스도인일 수 있습니다. 25억 명의 그리스도인들 중에 모범적인 그리스도인들은 불과 4억명밖에 되지 않는다고 합니다.

매일 내 삶에 찾아오는 고난 가운데서도 무릎을 꿇는 개인 예배를 드리고 있습니까? 함께 기도하며 예배드릴 수 있는 공동체가 있습니까? 내 주변 사람들에게 저 사람은 상황이 어떠하든 예수를 배반하지 않을 거야, 라는 믿음을 주고 있습니까?

예배의 삼겹줄이 있으면 문제가 되지 않습니다. 바로 개인의 예배, 공동체의 예배, 삶의 예배가 있으면 되는 것입니다. 이를 위해선 내 것을 손해 볼 각오가 되어 있어야 합니다. 삶의 유익과 신앙의 문제 앞에서 유익을 선택하지 않는 용기, 그것이 있어야 예배의 삼겹줄을 소유할 수 있습니다. 그럴 때 주변 사람들이 우리를 그리스도인으로 알아보고 인정해 줄 것입니다.

그리스도인과 교회가 빛과 소금의 역할을 감당해야 할 때가 지금입니다. 더욱더 구제하고 선교하고 복음을 증거하며 특별히 다니엘처럼 믿음으로 살아 내야 하는 것입니다.

예배를 위한 기도

살아 계신 하나님, 지금 우리는 안개 속에서 주님을 보는 것 같습니다. 코로나 한복판에서 미래가 보이지 않습니다. 그러나 하나님 때문에, 그 고난 때문에 우리는 우리의 신앙을 돌아보고 있습니다. 죽을지도 모르는 상황에서 창문을 활짝 열고 기도한 다니엘처럼 우리도 위기 가운데서도 무릎을 꿇고 하나님께 감사하는 신앙을 갖기 원합니다. 손해를 보더라도 하나님 한 분으로 만족하길 원합니다. 사자 굴에 내던져졌으나 살아 돌아오므로 하나님의 살아 계심을 증거한 것처럼, 우리도 코로나라는 위기 앞에서 하나님의 살아 계심을 증거하는 삶을 살게 하여 주옵소서. 우리 각 사람과 교회가 이 위기로 인해 세상의 소금과 빛으로 드러날 수 있기를 바랍니다.

예수님의 이름으로 기도드렸습니다. 아멘.

16장

성령의 불이 임하는 두 예배

레 9: 22-24

예배에
감격이 있습니까?

김남준 목사님이 쓰신 《예배의 감격에 빠져라》에 나온 예화를 소개합니다.

"주일날 아침 어느 한 가족이 바쁜 걸음으로 교회를 향하고 있었습니다. 교회 가까이 다가왔을 때 양쪽에 엄마 아빠 손을 잡은 어린아이가 두 사람을 번갈아 보며 말했습니다.

'엄마 아빠 오늘은 제발 예배 시간에 졸지 마. 나 창피하단 말이야. 알았지?'

그러나 이 어린아이의 간절한 애원에도 불구하고 두 부부에게는 지난 주일과 다름없는 일들이 일어나고 말았습니다. 그들이 교회에 도착해 몸을 숙이고 빈자리를 찾아 간신히 자리를 잡았을 때는 벌써 예배가 시작된 지 꽤 지난 후였습니다.

그날도 주일 예배는 지난 주와 다름없이 정해진 순서를 따라 드려지고 있었는데, 주보에 적힌 별표 모양을 따라 일어났다 앉았다 하면서 예배 순서를 따라 가고 있었습니다. 교독문을 따라 읽고 오늘따라 길게만 느껴지는 대표기도에 이어 성경 봉독과 성가대의 찬양이 이어졌습니다.

설교가 시작되었습니다. 그날 따라 유난히 길게 느껴지는 설교를 한쪽 귀로 들으며, 한쪽 눈은 주보를 군데군데 훑어봅니다. 워낙 오랫동안 이 훈련을 해온 지라 눈과 귀가 여러 가지를 하는 데 큰 어려움이 없을 정도입니다. 교회 소식부터 낱낱이 읽고, 주보의 오자를 잡아 내고, 교정까지 다 마쳤는데도, 담임 목사님의 설교는 아직 끝나지 않았습니다. 고개를 약간 돌리면서 눈으로 곁눈질하며 누가 교회에 왔는지 출석 체크도 합니다.

이제 옛날 어른들처럼 눈 감고 설교를 듣는 척합니다. 그러다 이내 고개가 좌우로 흔들리더니 스윙을 합니다. 엄마는 좌우로, 아빠는 앞뒤로 부부가 멋지게 박자를 맞춥니다. 목사님의 설교가 자장가로 들리더니 천국으로 다가갑니다. 가끔 목사님이 소리를 높이면 깜짝 놀라 눈을 치켜뜨지만, 눈꺼풀에 큰 추가 달려 있는 것 같습니다. 졸다가 성도들이 '아멘' 하는 소리에 깨기도 하지만, 오늘 역시 언제 '아멘'해야 하는지 타이밍을 놓치고 맙니다.

어린아이는 지루한지 이따금 몸을 좌우로 흔들며 심하게 조는 엄마의 옆구리를 고사리 같은 손으로 툭 쳐보기도 하고 주보로 비행기를 접어 보기도 하지만, 부부는 지긋이 고개를 숙인 채 계속 훈련된 묵상을 합니다. 그러던 어느 순간에 이 어린아이가 참을 수 없다는 듯이 칭얼대며 부모에게 조릅니다.

'엄마 아빠! 제발 그만 졸고, 요금 내고 이제 집에 가자.'

이 아이는 그동안 부모가 보여 준 태도를 통해 하나님께 바치는 헌금을 요금이라고 생각한 것입니다."

이 이야기는 현대판이라서 코믹하지만, 성경의 이야기로 가 보면 매우 심각한 상황이 전개됩니다.

하나님의 불에는 두 가지가 있습니다

레위기를 보면 이스라엘 백성이 출애굽을 한 후 광야에서 하나님이 주신 성막을 완성하게 됩니다. 이 성막은 '하나님이 사람을 만나 주시는 장소'인데, 현대의 우리에게는 '예배'드리는 장소라 할 수 있습니다.

레위기는 성막에서 '제사'드리는 방법을 소개한 책이라 할 수 있는데, 5가지의 제사법이 나옵니다. 제사란 죄가 있는 인간이 제물에 자신의 죄를 전가함으로써 거룩하신 하나님 앞에 나아가는 방법을 말합니다. 지금으로 말하면 '예배법'이라 할 수 있지요.

이스라엘 백성은 하나님의 말씀대로 성막을 완성한 뒤 하나님께서 알려 주신 방법으로 제사를 드리고자 합니다. 이때 하나님께서는 하나님과 백성을 연결하는 중보자로서 제사장을 세우십니다. 예수님도 하늘과 땅을 잇는, 하나님과 우리를 잇는 중보자로서 우리의 대제사장이 되셨습니다. 아론과 그의 아들 네 명을 제사장으로 임명하신 후 7일에 걸쳐 위임식을 치르게 하셨습니다. 그만큼 제사장의 역할과 임무가 중차대했기 때문입니다.

> 너희는 칠 주야를 회막 문에 머물면서 여호와께서 지키라고 하신 것을 지키라 그리하면 사망을 면하리라 내가 이같이 명령을 받았느니라 _레 8:35

굉장히 엄중하고 심각하게 주님께서 말씀하십니다. 레위기 9장을 보면 아론은 먼저 대제사장으로서 자신을 정결케 하고 하나님 앞에 나아가 먼저 자기를 위해 제사를 드립니다. 그런 다음 역시 제사장들인 자신의 네 명의 아들을 위해 제사를 드립니다. 백성을 대신하기 전에 먼저 자신들을 정결하게 한 것입니다. 아론은 그런 후 백성들을 위한 속죄제, 번제, 화목제의 제사를 정성껏 드립니다. 그리고 백성을 향해 손을 들고 축복을 합니다. 또한 모세와 함께 장막에 들어갔다 나오면서 다시 한 번 백성을 위해 축복을 합니다.

그러자 하나님의 영광의 불이 단 위에 드려진 모든 번제물과 기름을 살라 버립니다. 이는 하나님께서 제물과 백성의 예배를 기쁘게 받으셨음을 의미합니다. 이를 지켜보던 모든 백성이 놀라 소리를 지르고 그 자리에 엎드렸습니다. 사람이 그분의 임재하심을 경험하는 것은 참으로 감당하기 어려운 영광입니다.

> 아론이 백성을 향하여 손을 들어 축복함으로 속죄제와 번제와 화목제를 마치고 내려오니라 모세와 아론이 회막에 들어갔다가 나와서 백성에게 축복하매 여호와의 영광이 온 백성에게 나타나며 불이 여호와 앞에서 나와 제단 위의 번제물과 기름을 사른지라 온 백성이 이를 보고 소리 지르며 엎드렸더라 _레 9:22-24

이스라엘 백성은 출애굽 후 광야에서 금송아지를 만들어 제사를 지낸 적이 있습니다. 모세는 이 때문에 분노를 일으켰지요. 백성들은 애굽 땅에서 살면서 그들의 제사 제도를 부러워했습니다. 그런데 이제 하나님이 가르쳐 주신 대로 성막을 짓고 제사 의식을 갖추어 더구나 제사장까지 세우고 제사를 드리게 되었습니다. 이것만도 가슴 벅찬 감격인데, 거기에 하나님의 불이 내려와 그분의 임재하심을 나타내셨으니 얼마나 감격스러웠겠습니까? 평생에, 아니 대대손손에 걸쳐 잊을 수 없는 예배였을 것입니다.

아론은 하나님이 임명하신 대제사장이 되었습니다. 그런데 아론이 누구입니까? 모세의 형이자 모세의 대변인입니다. 하지만 한편으로 모세가 시내산에 올라 십계명을 받고 있을 때, 백성이 금송아지를 만들어 제사드리는 것을 방관하고 허용한 사람입니다. 한마디로 '전과자'입니다. 하지만 하나님은 놀랍게도 그런 아론을 용서하시고, 인류 역사상 최초의 대제사장으로 삼아 주셨습니다. 대역죄인도 들어 사용하시는 것이 하나님의 은혜입니다.

그런데 비극은 그다음에 일어났습니다. 그로부터 시간이 얼마나 지났는지 모르지만, 아버지와 함께 제사장직을 수행하던 두 아들 나답과 아비후가 제사를 드릴 때 하나님이 원하시지 않은 불로 분향을 했습니다. 그러자 얼마 전 영광으로 임한 하나님의 불이 진노의 불로 변하여 그 둘을 삼켜 버렸습니다.

> 불이 여호와 앞에서 나와 그들을 삼키매 그들이 여호와 앞에서 죽은지라 모세가 아론에게 이르되 이는 여호와의 말씀이라 이르시기를 나는 나를 가까이하는 자 중에서 내 거룩함을 나타내겠고 온 백성 앞에서 내 영광을 나타내리라 하셨느니라 아론이 잠잠하니
> _레 10:2-3

최초의 대제사장이라는 영광스러운 직분을 얻었으나 아론은 그 때문에 두 아들을 갑작스럽게 잃어야 했습니다. 아론은 자신의 피붙이인 아들들의 비극적인 죽음 앞에서 한마디 신음소리도 내지 못합니다. 그냥 잠잠히 하나님께서 하시는 말씀을 들었습니다.

제사법에 따르면 성막뜰에 있는 분향단에서 불을 취해서 하나님이 가르쳐 주신 방식으로 향료를 넣어 분향해야 합니다.

그런데 나답과 아비후는 하나님이 지시하신 방식이 아닌 자기의 소견에 따라 불을 만들어 분향했습니다. 하나님이 말씀하신 적이 없는 방식으로 예배를 드리려 한 것입니다. 예배가 좀 익숙해지니까 금방 게을러지고 교만해진 것입니다. 그냥 불인데 대충 불을 지피지 뭐 하는 안일한 생각이 하나님의 진노를 받은 이유입니다.

우리는 예배를 드리면서 내가 누구의 존전 앞에 있는지 잊을 때가 있습니다. 마음과 힘을 다해 예배드리지 않고 대충 시간을 때우려 할 때가 있습니다. 하나님께서 기뻐하시는 예배가 아니라 내가 편하고 기쁜 예배를 드릴 때가 있습니다.

레위기 10장 9절 말씀("너와 네 자손들이 회막에 들어갈 때에는 포도주나 독주를 마시지 말라")을 유추해 보면, 나답과 아비후는 술을 마시고 예배를 드린 것이 분명합니다. 제사장으로서 그 삶에 문제가 있었던 것입니다. 하나님의 불의 심판은 제사장이라고 예외일 수 없습니다.

> 내 이름을 멸시하는 제사장들아 나 만군의 여호와가 너희에게 이르기를 아들은 그 아버지를, 종은 그 주인을 공경하나니 내가 아버지일진대 나를 공경함이 어디 있느냐 내가 주인일진대 나를 두려워함이 어디 있느냐 하나 너희는 이르기를 우리가 어떻게 주의 이름을 멸시하였나이까 하는도다 너희가 더러운 떡을 나의 제단에 드리고도 말하기를 우리가 어떻게 주를 더럽게 하였나이까 하는도다 이는 너희가 여호와의 식탁은 경멸히 여길 것이라 말하기

때문이라 만군의 여호와가 이르노라 너희가 눈 먼 희생제물을 바치는 것이 어찌 악하지 아니하며 저는 것, 병든 것을 드리는 것이 어찌 악하지 아니하냐 이제 그것을 너희 총독에게 드려 보라 그가 너를 기뻐하겠으며 너를 받아 주겠느냐 만군의 여호와가 이르노라 너희는 나 하나님께 은혜를 구하면서 우리를 불쌍히 여기소서 하여 보라 너희가 이같이 행하였으니 내가 너희 중 하나인들 받겠느냐 만군의 여호와가 이르노라 너희가 내 제단 위에 헛되이 불사르지 못하게 하기 위하여 너희 중에 성전 문을 닫을 자가 있었으면 좋겠도다 내가 너희를 기뻐하지 아니하며 너희가 손으로 드리는 것을 받지도 아니하리라 _ 말 1:6-10

하나님이 원하시지 않은 방식으로 예배하지 말라고, 하나님을 예배하면서 마치 우상을 섬기듯이 하지 말라고, 예배를 헛되이 드리지 말라고 하나님은 반복해서 당부하십니다. 우리가 하나님의 불을 구할 때 그 불에는 심판의 불도 있음을 기억해야 합니다. 코로나로 온 세계가 공포에 떨고 있는 이때, 하나님의 불에는 죄를 태우는 불도 있다는 사실이 의미심장합니다. 그럼에도 우리는 다음 말씀으로 위안과 소망을 얻게 됩니다.

하나님이 우리에게 주신 것은 두려워하는 마음이 아니요 오직 능력과 사랑과 절제하는 마음이니 _ 딤후 1:7

회개의 심령 위에
성령의 불이 임합니다

저는 사실 한국에서 신학교를 다니면서도 목회에 대한 소명이 없었습니다. 목회에 대한 소명을 받고 신학교를 간 것이 아닙니다. 그러다가 군대에서 하나님이 주신 기회로 사병으로 설교를 하면서 하나님께서 저를 왜 목회자로 부르셨는지 깨달았습니다. 그 후 틈이 나는 대로 신학과 신앙 관련 서적을 읽었습니다. 특별히 교회사를 챙겨 읽었는데 이때 제 마음을 사로잡은 단어가 '부흥'(revival)이었습니다.

초대교회의 불 같은 부흥, 중세시대의 종교개혁운동으로 불어닥친 성령의 역사, 17세기 영국의 청교도 운동, 독일의 경건주의 운동, 18세기 존 웨슬리와 조지 휫필드가 이끄는 영국의 복음주의 각성운동, 미국의 조너선 에드워즈가 이끈 대각성 운동, D.L. 무디, 찰스 피니의 부흥 운동, 그리고 1907년의 평양 대부흥 운동, 최권능, 이성봉 목사님의 놀라운 성령의 역사…. 그리고 전 세계 곳곳에서 일어나고 있는 기적과 부흥의 소식은 20대 젊은 저의 마음을 뜨겁게 사로잡기에 충분했습니다. 저는 내 인생을 이것에 바쳐야겠다고 생각했습니다.

부흥이 임하면 때로는 작은 마을 전체가, 때로는 도시 전체가, 때로는 나라 전체가 성령의 불로 덮여 버립니다. 말씀을 듣다가 자신의 죄를 견딜 수 없어서 옷을 찢고 회개하는 사람들, 때로는 죄의 무게를 참지 못해서 복도에 나와서 데굴데굴 구르는 사람들, 손을 들고 밤새워 찬양하는 사람들, 조너선 에드워즈의 설교를 듣고 지옥에 가기 싫다며 살려 달라고 울부짖는 사람들, 시간에 구애받지 않고 새벽이 맞도록 기도하는 사람들…. 교회사의 구석구석마다 "내가 성령을 선물로 주리라"는 약속의 말씀이 이루어지고 있었습니다. 지금도 사도행전의 성령의 불의 역사가 하나님을 사모하고 예배하는 자들에게 임하고 있습니다.

그런데 교회사의 부흥을 공부하면서 발견한 것이 하나 있습니다. 바로 성령의 불은 무엇보다 먼저 우리의 죄를 태우시며 상한 마음을 치유하신다는 것입니다. 예배드리면서 눈물이 핑 도는 감격이 있는 것을 성령의 역사라고 말하기 어렵습니다. 성령의 역사는 우리의 죄를 태우므로 우리를 회복시킵니다. 상한 마음을 치유합니다.

창세기 15장에서 아브라함이 송아지의 각을 떠서 두 개로 나누고 하나님의 임재를 기다리자 하나님께서 불로 임하여 그 제물을 태우셨습니다. 성령의 불의 역사는 우리가 먼저 제물이 되어 하나님 앞에 드려야 일어납니다. 우리가 드리는 예배에서 우리 자신이 희생제물로 드려져야 합니다. 그럴 때 성령의 불이 우리의 죄악을 깨끗이 태울 것입니다.

실제로 성경과 교회사를 보면 부흥의 역사는 강력한 회개의 심령으로부터 시작된 것을 알 수 있습니다. 성령의 불로써 우리 죄를 태울 때 개인과 교회와 이 사회에 진정한 부흥의 역사가 일어날 것입니다.

단 한 번의 예배를 드리더라도 이 예배가 하나님 앞에 상달되는 예배가 되기를 바라는 소망으로 예배를 드려야 할 것입니다. 우리의 예배 가운데 성령의 불이 임하는 역사가 일어나기를 소망합니다.

요엘서 2장에서 요엘이 보았던 환상은 그로부터 800년 후인 사도행전 2장에서 나타났습니다. 그리고 하나님께서 사도행전 2장에서 보여 주신 성령의 불은 다음 2천 년을 이끌어 갔습니다.

그런데 이 하나님의 거대한 계획을 수행한 인물이 누구입니까? 예수님께서 제자로 부르신 열두 명은 흥미롭게도 당시 사회에서 대접받는 위치에 있지 않은 미천한 사람들이었습니다. 나중에 사도가 된 바울은 이렇게 말했습니다.

> 형제들아 너희를 부르심을 보라 육체를 따라 지혜로운 자가 많지 아니하며 능한 자가 많지 아니하며 문벌 좋은 자가 많지 아니하도다 _ 고전 1:26

당시 열두 제자를 비롯해 예수님을 따르던 사람들은 사회적으로 열등감과 패배감이 많을 수밖에 없는 사람들이었습니다. 그래서 예수님께서 십자가에 달리셨을 때 이들은 도망가거나 예수님을 부인하거나 방관했습니다. 하지만 예수님의 부활 후 그들은 예수님의 약속을 붙들고 믿음을 지켰습니다.

마태복음에서 침례 요한은 예수님이 주실 성령 침례에 대해 이렇게 말합니다.

> 나는 너희로 회개하게 하기 위하여 물로 침례를 베풀거니와 내 뒤에 오시는 이는 나보다 능력이 많으시니 나는 그의 신을 들기도 감당하지 못하겠노라 그는 성령과 불로 너희에게 침례를 베푸실 것이요 _마 3:11

그리고 마침내 이 약속이 임했습니다.

> 오순절 날이 이미 이르매 그들이 다 같이 한곳에 모였더니 홀연히 하늘로부터 급하고 강한 바람같은 소리가 있어 그들이 앉은 온 집에 가득하며 마치 불의 혀처럼 갈라지는 것들이 그들에게 보여 각 사람 위에 하나씩 임하여 있더니 그들이 다 성령의 충만함을 받고 성령이 말하게 하심을 따라 다른 언어들로 말하기를 시작하니라
> _행 2:1-4

"다 같이 한곳에 모였더니"는 그들의 신분, 교육 수준의 차이, 국가관과 세계관이 다 달랐지만 예배를 위해 한 자리에 모였다는 것입니다. 그런 그들에게 하나님의 성령의 불은 차별이 없이 동일하게 임했습니다. 그리고 성령의 불이 임하자, 그들의 죄가 태워졌고 회복의 역사가 일어났습니다. 상한 심령이 치유되었습니다.

하나님이 주시는 부흥의 불은 매너리즘에 빠져 있고, 무관

심하며, 이기적이고, 자기중심적인 사람들의 마음을 태우십니다. 그리고 그 자리에 하나님의 놀라운 비전을 심어서 주님이 맡겨 주신 사람들을 구원하지 않고는 견딜 수 없는 사람이 되게 하십니다. 참된 예배자가 되는 것입니다.

예배자가 기억해야 하는 중요한 사실은 이것입니다. 우리가 예수님의 보혈에 의지하고, 성령님의 씻음에 의지하여 회개하면, 하나님은 하나님의 능력의 불을 준비하십니다.

> 원하건대 주는 하늘을 가르고 강림하시고 주 앞에서 산들이 진동하기를 불이 섶을 사르며 불이 물을 끓임 같게 하사 주의 원수들이 주의 이름을 알게 하시며 이방 나라들로 주 앞에서 떨게 하옵소서 주께서 강림하사 우리가 생각하지 못한 두려운 일을 행하시던 그때에 산들이 주 앞에서 진동하였사오니 _사 64:1-3

이사야는 하나님의 불의 역사가 얼마나 놀라운 일인지 설명하고 있습니다. 그러면서 그는 하나님께서 이 놀라운 일을 누구에게 행하시는지 밝힙니다.

> 주 외에는 자기를 앙망하는 자를 위하여 이런 일을 행한 신을 옛부터 들은 자도 없고 귀로 들은 자도 없고 눈으로 본 자도 없었나이다 _사 64:4

"하나님을 앙망하는 자"에게 성령의 불의 역사가 임합니다.

하나님을 사모하며 기다리는 자, 하나님을 사랑하고 내 인생의 가장 우선순위로 두는 자입니다.

이제는 구약시대의 제사법이 필요하지 않습니다. 하나님이 원하시는 한 가지만 있으면 됩니다. 정성을 다하고 마음과 뜻을 다하여 예배드리는 것입니다. 하나님은 희생제물이 아니라 우리의 삶 자체를 원하십니다. 우리의 마음과 사랑을 원하십니다.

예수님의 제자들이 이런 예배를 드렸습니다. 그들은 자존심도, 재물도, 명예도 다 잃어버린 채 오직 하나님 한 분만 신뢰하는 믿음을 가지고 마가의 다락방에 모였습니다. 그 믿음 하나로 그들은 하나님의 교회를 세울 수 있는 놀라운 능력을 받았습니다. 그들은 성령의 불을 받음으로 당시 알려진 전 세계 3분의 1 이상의 지역에서 복음을 전했습니다. 오직 성령의 불의 역사로 가능한 일이었습니다.

심판의 불은
교만한 자에게 임합니다

여기서 한 가지 질문을 해봅니다. 과연 나답과 아비후와 예수님의 제자들의 차이점이 무엇이었을까요?

나답과 아비후와 제자들은 모두 예배를 드리는 가운데 불을 받았습니다. 그러나 하나는 진노의 불이었고 다른 하나는 능력의 불이었습니다. 나답과 아비후는 진노의 불을 받아 죽음을 당했고, 제자들은 능력의 불을 받아 완전히 새로운 사람이 되었습니다. 하나님은 제물이 아니라 제물을 드리는 예배자에게 관심을 집중합니다. 가인의 제물이 아니라 가인을 받지 않은 것처럼 말입니다.

나답과 아비후는 자신들이 하나님을 안다고 생각했습니다. 대제사장의 아들이니 당연히 성령이 임하는 불을 내려 주실 줄로 생각했습니다. 그러면서 제사 음식에 쓰이는 술을 마시고 취한 상태에서 하나님이 원하시지 않는 방법으로 예배를 드렸습니다. 하나님을 기만하고 조롱할 만큼 교만한 것입니다. 하나님은 이 교만을 사르는 불을 내리셨습니다.

하지만 제자들은 나답과 아비후와 달리 실패의 경험이 많은 사람들입니다. 배신도 해보았고 상처를 주기도 받기도 했습니다. 인생의 혼돈 속에서 그들은 예수님을 만났고, 그제야 하나님 앞에서 낮아진다는 것이 무엇인지, 그분을 내 인생의 주인으로 모신다는 것이 무엇인지를 깨달았습니다. 성령의 불은 이때 임했습니다. 그리고 제자들의 인생은 이전과 완전히 달라졌습니다.

내가 목회자요, 집사요, 장로요, 권사요, 목자요… 이런 타이틀은 하나님께 나아가는 데 아무런 소용이 없습니다. 하나님께 나아가는 데는 그분의 아들이 흘리신 보혈을 믿는 믿음 하나면 충분합니다.

세상은 사실 진심이 통하지 않습니다. 거짓과 부정과 악이

팽배해서 진실을 말하는 사람은 손해 볼 수밖에 없습니다. 하나님께서는 이 세상의 악으로부터 우리를 구원하기 원하십니다. 하나님은 신령과 진정으로 예배드리는 예배자를 찾으십니다. 세상이 지향하는 것과 전혀 다른 방향으로 가는 자를 찾으십니다.

거짓으로 예배드려도 벌이 없고, 진심으로 예배드려도 반응이 없다면 그것은 죽은 신입니다. 그러나 여호와 하나님은 우리의 진실한 예배에 불로써 반응하십니다. 예배는 드리는 자의 진심이 통하는 것이어야 합니다. 살아 계신 하나님이 받으시기 때문입니다.

우리가 드리는 예물을 흠향하시는 하나님의 불이 예배 가운데 임하기를 원하십니까? 그렇다면 내가 은혜받았는가에 만족하지 말고 내가 드린 예배를 하나님이 오늘 받으셨나를 점검하시기 바랍니다. 우리는 예배의 주관자가 아니라 예배를 드리는 예배자입니다. 이 사실을 잊지 마시기 바랍니다.

지금까지 한 번도 경험해 보지 못했던 전 세계적인 전염병 앞에서 우리는 하나님을 붙들고 애틋한 마음으로 예배를 드리고 있습니다. 세상의 관점에서 보면 재앙일 수 있지만, 하나님의 관점에서 보면 우리를 돌이켜서 하나님께로 인도하시고자 하는 하나님의 은혜임을 알 수 있습니다. 나답과 아비후라도 하나님의 거룩한 불로써 사르시지만, 성막 안에 들어올 수 없었던 죄인이라도 그리스도를 의지하면 받아 주십니다. 그때 우리 심령에 임하는 것이 성령의 충만한 불입니다.

예배를 위한 기도

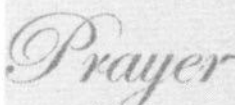

하나님, 우리의 죄악을 태워 주옵소서. 하나님, 우리의 교만을 태워 주옵소서. 하나님, 우리 한반도의 죄악을 말갛게 씻으시고 태워 주옵소서. 하나님이 원하신다면 하나님의 때에 코로나 바이러스도 주님께서 말갛게 태워 주옵소서. 그리하여서 온전한 마음과 뜻과 정성을 다하여서 주님 앞에 예배드리는 예배가 회복되기를 바랍니다. 죄인을 회개시키고 사람을 살리고 변화시키는 부흥의 역사가 임하게 하옵소서.

예수님의 이름으로 기도합니다. 아멘.

에필로그

코로나 팬데믹이 한반도에 급속도로 퍼질 때, 교회 리더십은 연일 모여서 회의를 하며 이후 현장 예배를 지속해야 할지를 고민했습니다. 그러다가 2020년 2월 23일 주일은 현장 예배를 하지만, 교육부 예배는 전격적으로 취소하고 소수의 인원으로 예배를 드리기로 했습니다. 그리고 그 다음 주 3월 첫 주부터는 모든 현장 예배를 중단한다는 결정을 염두에 두었습니다.

저는 연초부터 예배에 대한 설교를 기획하고 있었으나, 당분간 현장 예배를 더 이상 할 수 없을 것 같다는 긴장감과 영적 무게감이 엄습하던 한 주였습니다. 그때 예배 시리즈를 포기하고 다른 설교를 준비했는데, 주신 말씀은 호세아 6장 1-7절을 본문으로 "한반도여, 여호와께 돌아가자"는 것이었습니다. 에필로그에 삽입된 설교문은 2020년 2월 23일에 행해진 설교입니다.

한반도는 지금 코로나뿐 아니라 극심한 이념 논쟁, 우상 숭배, 동성애 이슈 등 많은 갈등을 겪고 있습니다. 우리가 영적으로 속히 하나님께 돌아가야 살 것이라는 성령님의 음성이 제 마음을 강력하게 두드렸습니다.

호세아 말씀은 회개에 관한 말씀입니다. 하나님은 예배에 관한 이야기를 하기 이전에 우리가 먼저 회개하는 마음으로 여호와께 돌아가기를 원하셨습니다. 회개 없이는 어떠한 하나님의 말씀도 들리지 않으며 진정한 예배도 할 수 없기 때문입니다. 그래서 사실 에필로그 내용은 이 책의 프롤로그에 더 적합한 말씀입니다.

그러나 이 책을 다 읽은 후에 우리는 다시 한 번 우리 모두가 여호와 하나님께로 돌아가야 함을 반드시 깨달아야 합니다. 예배는 회개함을 통하여 여호와께 돌아가는 것입니다. 우리가 얼마나 멀리 왔든 하나님께 돌아가는 것은 여전히 가장 지혜로운 결정이며 유일한 살 길입니다.

한반도여
여호와께 돌아가자

호 6:1-7

하나님을 아십니까

BC 750~715년경, 남유다에서 웃시야, 요담, 아하스, 히스기야 등 무려 네 명의 왕으로 정권이 바뀌는 동안 북이스라엘은 여로보암 2세가 40년간 강력한 통치를 하고 있었습니다. 북이스라엘은 당시 물질적으로 보면 그 어느 때보다 풍족했습니다. 하지만 정치적 안정과 물질적 풍요가 반드시 영적인 건강을 보장하지는 못합니다.

영적으로 신부인 이스라엘은 신랑이신 하나님을 떠나 우상숭배로 온갖 간음을 저질렀습니다. 곳곳에 폭력이 난무하고, 우상숭배를 위한 산당과 이방 제사장들이 넘쳐 났으며, 온 나라가 교만했습니다. 이스라엘의 제사장들은 악의 세력과 타협하고, 백성들은 영적으로 간음하는 것이 일상이었습니다. 그러면서도 그들은 여전히 자신들이 선택받은 백성이며, 하나님을 잘 안다고 생각했습니다.

하나님은 이스라엘의 이런 상태를 호세아 4장 6-7절에서 이렇게 말씀하셨습니다.

내 백성이 지식이 없으므로 망하는도다 네가 지식을 버렸으니 나도 너를 버려 내 제사장이 되지 못하게 할 것이요 네가 네 하나님의 율법을 잊었으니 나도 네 자녀들을 잊어버리리라 그들은 번성할수록 내게 범죄하니 내가 그들의 영화를 변하여 욕이 되게 하리라 _호 4:6-7

여기서 지식이란 하나님을 아는 지식을 말합니다. '안다'는 히브리어로 '야다'인데 그냥 지식적으로 아는 게 아니라 부부간의 육적, 영적, 정신적 친밀함 가운데 아는 것을 의미합니다. 하지만 이스라엘 백성은 입으로는 하나님을 충분히 안다고 말하면서 삶은 온갖 죄를 저지르며 하나님을 기만했습니다. 물질의 축복을 받을수록 이 기만 행위는 더 심해졌습니다.

축복을 받은 자는 받은 축복을 다른 사람들에게 나누어 주어야 합니다. 특히 사회에서 소외된 과부와 어린아이, 이스라엘 땅에 들어와 사는 이방인들을 돌보아야 합니다. 하지만 이스라엘은 약자를 돌보기는커녕 도리어 그들에 대해 폭력과 착취를 일삼았습니다. 이스라엘 공동체에는 하나님의 정의가 사라졌고, 거룩과 사랑의 무늬만 남아 있었습니다.

하나님은 그들의 영적 타락에 대해 심판을 내리기로 작정하십니다. 그들 삶에 찌든 오물과 찌꺼기를 들어내시기로 작정하신 것입니다. 그것은 앗수르를 통해 이스라엘을 멸망시키는 것이었습니다.

그러나 하나님은 노아의 방주 사건에서처럼 심판 전에 늘 회개의 기회를 주십니다. 그 기회를 주기 위해 선택하신 인물 중 하나가 바로 호세아 선지자입니다. 하나님은 브에리의 아들 호세아를 부르시며, 우리가 이해할 수 없는 일을 명하십니다.

여호와께서 처음 호세아에게 말씀하실 때 여호와께서 호세아에게 이르시되 너는 가서 음란한 여자를 맞이하여 음란한 자식들을 낳으라 이 나라가 여호와를 떠나 크게 음란함이니라 하시니 _ 호 1:2

음란한 여자를 아내로 맞이하라는 것입니다. 실제로 호세아는 고멜이라는 창녀와 결혼을 하는데, 고멜은 '욕정을 만족시킴'이란 뜻을 가지고 있습니다. 하나님은 여기서 더 나아가 호세아와 고멜 사이에서 난 세 자녀의 이름을 저주의 뜻을 담아 짓도록 하십니다. 첫째 이스르엘은 '하나님이 흩어 버리시다'라는 뜻이고, 둘째 로루하마는 '불쌍히 여기지 않는다'는 뜻이며, 셋째 '로암미'는 '내 백성이 아니다'라는 뜻입니다.

호세아는 하나님의 명령으로 창녀와 결혼했지만 아내로 받아들인 이상 사랑하려고 노력했을 것입니다. 하지만 고멜은 호세아와의 사이에서 세 자녀를 낳았음에도 문란한 생활을 계속함으로써 호세아를 고통스럽게 만듭니다. 심지어 그녀는 호세아의 물질을 자신의 정부에게 갖다 바치기까지 했습니다.

분노와 아픔이 극에 달한 호세아는 고멜을 버리고 싶은 마음이 굴뚝같았을 것입니다. 그럼에도 호세아는 몸값을 지불하고 아내를 집으로 데려왔습니다. 하나님의 명령이었기 때문입니다.

하나님은 호세아의 삶을 통해 이스라엘의 상황이 어떠한지를 알리고 싶으셨습니다. 남편을 두고 끊임없이 외간남자와 간음하는 고멜이 곧 이스라엘이라는 것입니다. 그런 고멜을 호세아가 인내하며 받아 주었듯이 하나님도 간음하는 이스라엘을 참고 받아 주고 있다고 경고한 것입니다.

호세아는 자신의 삶을 통해 하나님의 고통을 충분히 이해했을 것입니다. 아무도 하나님의 마음을 알고 싶어 하지 않는 시대에 호세아가 하나님께 돌아오라고 외치는 선지자가 될 수 있었던 이유입니다.

호세아 선지자는 호세아서 6장 1-7절에서 백성을 향해 세 가지를 외칩니다. 우리는 호세아의 외침에서 우리 개인과 가정, 교회, 더 나아가 우리 민족이 나아갈 바를 깨달을 수 있습니다.

첫째, 하나님께 돌아가십시오

"오라 우리가 여호와께로 돌아가자"(호 6:1)에서 '오라'(come)는 단순히 그냥 오라는 말이 아니라 강력한 동기를 제공하는 명령어입니다. 선택할 여지가 없다는 것입니다. 또한 '돌아가자'의 히브리어는 '베나슈바'인데, '슈브'는 '회개'를 의미합니다. 쉽게 말해, 죄는 하나님을 떠나는 것이고, 회개는 하나님께 돌아오는 것입니다.

하나님을 섬긴다고 하면서 세상적으로 온갖 영적 간음을 행한 이스라엘에게 더 이상 죄짓지 말고 회개하여 하나님께 돌아가자고 호세아 선지자가 외치고 있습니다. 참된 회개와 참회를 촉구하는 목소리입니다. 오늘날에도 "하나님께로 다시 돌아갑시다"라는 호세아의 외침이 필요합니다. 지금은 우리 모두가 여호와 하나님께로 돌아가야 할 때입니다. 너무 멀리 왔다고 생각할 때 속히 돌이켜야 합니다.

둘째, 하나님을 힘써 아십시오

그러므로 우리가 여호와를 알자 힘써 여호와를 알자 _ 호 6:3

이스라엘 백성의 문제는 하나님을 안다고 하면서도 하나님에 대한 지식이 없었습니다. 선지자도 있었고, 제사를 인도하는 제사장도 있었지만 모두 거짓 선지자요 거짓 제사장들이었습니다.

그 거짓 선지자들은 이스라엘 공동체 전체가 죄 가운데 있음에도 불구하고 거짓 평안과 거짓 위로를 선포했습니다. 사람들을 위로하는 데는 능했으나 그들이 죄의 불구덩이에 있다는 사실을 말하지는 않았습니다. 물질적으로 풍요하고 정치적으로 안정된 듯하나, 사실은 온갖 오물과 쓰레기를 뒤집어쓴 상태라고 말하지 않았습니다.

이스라엘 백성은 이 거짓 선지자들의 위로에 고무되어 우상숭배와 불순종의 죄를 범하면서도 여전히 하나님께 제사를 지냈고, 그것으로 하나님을 안다고 믿었습니다. 하지만 하나님은 그들의 제사를 받지 않으셨습니다.

> 에브라임아 내가 네게 어떻게 하랴 유다야 내가 네게 어떻게 하랴 너희의 인애가 아침 구름이나 쉬 없어지는 이슬 같도다 그러므로 내가 선지자들로 그들을 치고 내 입의 말로 그들을 죽였노니 내 심판은 빛처럼 나오느니라 나는 인애를 원하고 제사를 원하지 아니하며 번제보다 하나님을 아는 것을 원하노라 그들은 아담처럼 언약을 어기고 거기에서 나를 반역하였느니라 _호 6:4-7

여기서 '인애'는 히브리어로 '헤세드'인데 이는 우리가 흔히 생각하는 'mercy'(자비)가 아닙니다. '헤세드'는 'love' 혹은 'loyalty' 즉 '변하지 않는 충성된 사랑'을 말합니다. 그런데 이스라엘 백성의 하나님을 향한 사랑은 아침 볕에 사라지는 안개나 이슬 같았습니다. 오늘 하나님을 예배하겠다고 맹세하고 내일 바알을 숭배하는 거짓 사랑입니다. 그것은 아담이 언약을 어기고 하나님께 불순종한 반역과 다르지 않은 것이라고 성경은 말합니다.

그런 백성들에게 호세아 선지자는 '하나님은 제물이나 제사를 원하지 않고 하나님을 아는 것을 원하신다'고 부르짖습니다. 모든 선지자들의 공통적인 고백이 이렇습니다. 하나님은 제사나 제물이 아니라 아벨의 제사처럼 믿음으로 하나님을 사랑하는 것, 다시 말해 하나님과 친밀한 교제가 이뤄지는 사랑을 원하십니다.

하나님을 아는 지식은 하나님의 말씀을 들음에서 나고, 거기서 믿음이 생기며, 말씀을 함께 공부하고 혼자 묵상하는 가운데 자라게 됩니다. 어느 날 환상 가운데 하늘에서 뚝 떨어지는 것이 아닙니다.

마지막 때에는 거짓 선지자들이 여기저기서 나타나서 자신들이 예수님을 능가하는 구원자라고 말하고 유혹한다고 했는데 지금이 그런 세대입니다. 이 세대에는 영적 분별력이 가장 필요합니다. 영적 분별력은 하나님의 말씀을 깊이 묵상하므로 하나님을 알아 가고 그분과 친밀한 교제를 나눌 때 생깁니다. 영적 분별력이 있는 사람은 어떤 유혹에도 끄떡하지 않고 오직 하나님을 사랑하고 그분께 믿음으로 충성할 수 있습니다.

셋째, 오직 하나님만 따르십시오

호세아서 6장 3절은 "그러므로 우리가 여호와를 알자 힘써 여호와를 알자"라고 반복해서 말하고 있습니다. 거기에 '힘써'를 덧붙여 강조하고 있습니다. '힘써'에 해당하는 히브리어 '나르데파'는 '뒤쫓다,

따르다'라는 뜻입니다. 다시 말해 '여호와를 힘써 알자'는 하나님을 아는 것에서 그치지 말고, 그 아는 지식을 가지고 '하나님을 따르자' 라는 뜻입니다.

하나님을 따르는 것이 무엇입니까? 그분이 하신 말씀대로 사는 것입니다. 즉 '하나님을 아는 백성으로 살자'는 것입니다. 하나님의 백성은 근본적으로 하나님을 깊이 알아야 합니다. 하나님을 만나 교제하는 것을 이 세상에서 가장 기쁜 일로 여겨야 합니다. 그분을 예배하고 그분의 말씀을 묵상하는 것을 가장 기쁜 일로 여겨야 합니다. 하나님을 아는 지식이 내 삶에 넘쳐 나면, 그 말씀대로 말하고 행동하고 살게 되어 있습니다. 사랑하면 그처럼 닮고 그처럼 살고 싶어집니다.

교회 안에는 거짓 그리스도인들도 많고 거짓 제사장과 거짓 직분자들도 많습니다. 하나님을 알고자 하는 욕구도 없고, 하나님과 교제하고 싶은 마음도 없고, 하나님에 대한 충성심과 의리도 없고, 더군다나 하나님의 말씀대로 살고자 하는 거룩한 욕망도 없는 사람, 그가 바로 거짓 그리스도인이요, 거짓 직분자요, 거짓 제사장입니다.

오늘 호세아 선지자는 "오라, 우리가 여호와께로 돌아가자"라고 외치고 있습니다. 하나님을 알고자 하는 마음으로 충만하고, 주님이 주신 말씀대로 살아가기를 원하는 삶으로 돌아가자고 외치고 있습니다. 그의 외침을 듣고 돌이키는 우리 모두가 되기를 바랍니다.

> 오라 우리가 여호와께로 돌아가자 여호와께서 우리를 찢으셨으나 도로 낫게 하실 것이요 우리를 치셨으나 싸매어 주실 것임이라
>
> _호 6:1

우리를 찢으시고 꿰매시며 입양하신 하나님이 우리 인생의 주관자라는 사실을 인정하는 것이 신앙입니다. 내 입맛대로 하나님 말씀을 보고, 내 입맛대로 예배하고, 내 입맛대로 사는 것은 이미 바알을 숭배하는 것과 같습니다.

찢으셨다가도 낫게 하시고, 매로 치시다가도 싸매어 주실 수 있는 분이 여호와 하나님입니다. 어떤 상황에서도 하나님의 사랑을 맛본 사람은 인생의 생사화복이 하나님 손에 있음을 알고 그 하나님을 예배합니다.

> 여호와께서 이틀 후에 우리를 살리시며 셋째 날에 우리를 일으키시리니 우리가 그의 앞에서 살리라 그러므로 우리가 여호와를 알자 힘써 여호와를 알자 그의 나타나심은 새벽 빛같이 어김없나니 비와 같이, 땅을 적시는 늦은 비와 같이 우리에게 임하시리라 하니라
>
> _호 6:2-3

"이틀 후에 우리를 다시 살리시며 셋째 날에 우리를 일으키시리니"라는 말씀에서 예수님의 부활을 연상하게 됩니다. 따라서 이 말씀은 하나님의 백성의 부활을 의미하기도 합니다. "하나님은 우리를 다시 살리실 것입니다."(He will revive us.) "하나님은 우리를 일으키실 것입니다."(He will raise us up.)

회개하는 백성에게 하나님은 새벽 빛이 어김없이 나타나는 것처럼, 마른 대지를 적시는 비처럼, 치유와 회복으로 임하실 것입니다.

그리스도인은 회개하는 사람입니다

한국전쟁이 남긴 잿더미에도 불구하고 한국 교회는 2천 년 기독교 역사에서 유례를 찾아볼 수 없을 만큼 부흥을 이룩했습니다. 그동안 우리는 하나님의 축복을 충분히 누렸습니다.

현재 우리나라에는 5만여 개의 교회와 천만에 가까운 기독교 인구가 있다고 합니다. 전체 인구의 28%를 차지합니다. 하지만 하나님을 아는 백성이 이렇게 많은데도 우리 사회는 어째서 세계적으로 불행한 사회인 겁니까? 1인당 음주량 세계 1위, 이혼율 1위, 자살률 1위, 교통법규 위반 교통사고 사망률 1위, 낙태율 1위, 청소년 흡연율 1위, 40대 암 사망률 세계 1위, 위암 발생률 1위, 간암 사망률 1위, 사교육 1위, 장애아를 해외로 입양 보내는 나라 1위, OECD 국가 중 노인 빈곤율 1위, 빈부 격차 1위…. 모두 불행한 사회의 척도가 되는 기록입니다.

우리나라는 세계 여러 나라에 비하면 국토가 정말 좁습니다. 하나의 언어를 쓰는 이토록 작은 나라이지만 지역 감정의 골이 깊습니다. 보수와 진보로 나뉘어 진영 간 싸움도 만만찮습니다. 좁은 국토를 나눠 쓰는 국민들의 마음이 갈래갈래 나뉘어 있습니다. 그리고 이 갈래들 사이에서 반인륜적인 범죄가 틈타고 있습니다.

대체 왜 그런 걸까요? 위정자의 잘못일까요? 국민성의 문제인가요? 이스라엘의 심판은 사회 지도층의 타락에서 기인했습니다. 우리 사회의 문제 역시 사회 리더들의 타락에서 비롯된 것일 수 있습니다. 그러나 그리스도인은 이 잘못과 문제를 다른 누군가의 책임으로 떠넘겨서는 안 됩니다. 우리는 세상의 빛과 소금입니다. 세상이 혼탁한 것은 세상의 빛과 소금이 제대로 역할하지 못하기 때문입니다. 소금은 바닷물의 3.5%밖에 안 되나 그것으로 소금의 존재감은 충분합니다. 그러므로 우리 사회가 잘못된 방향으로 가고 있다면 가장 먼저 우리가 하나님 앞에 나아가 회개해야 합니다.

하나님을 아는 우리가 먼저 하나님께로 돌아가야 합니다. 하나님을 모르는 사람은 하나님께 돌아갈 수 없습니다. 집이 없는 사람이 어떻게 집으로 돌아갈 수 있습니까? 하나님을 모르는데 어떻게 하나님께 순종할 수 있습니까? 그러니 하나님이 기대를 거는 이는 하나님을 아는 우리일 수밖에 없습니다.

하나님은 한 나라의 책임을 그 나라의 선지자로 세워 주신 영적인 지도자들과 그리스도인들에게 주셨습니다. 그리스도인들은 자기 나라가 죄에 빠져 있다면 먼저 하나님께 회개해야 합니다. 그런 다음 불의와 악의에 대항하여 하나님의 정의를 외쳐야 합니다.

한국 교회는 한창 부흥하며 힘을 가졌을 때 민생을 돌봐야 했습니다. 낮고 소외된 사람들을 섬겨야 했습니다. 우리가 힘을 가졌을 때, 하나님이 우리를 축복해 주셨을 때, 더 낮은 자세로 복음을 증거해야 했습니다. 우리가 잘나가고 잘되었을 때 그것이 하나님의 축복이었음을 깨달아야 했습니다.

한때 신천지 교회에서 무더기로 확진자가 나와서 사회 논란이 된 적이 있습니다. 그때 신천지 교회 사람들이 다른 교파의 교회를 방문함으로써 확진자 논란이 신천지만의 문제가 아닌 것으로 만들려 한다는 말이 돌았습니다. 사실인지 아닌지는 알 수 없습니다. 아들이 그 소문을 어디서 들었는지 어느 날 제게 "아빠, 이번 주일에는 설교를 세게 해야 해요" 했습니다. 제가 요즘 코로나 바이러스 때문에 침이 튀면 안 되기 때문에 세게 말하면 안 된다 했더니 아들이 이런 말을 했습니다.

“신천지 사람들이 우리 교회에 온다면 아빠의 설교를 듣고 예수님의 복음을 정확히 들을 수 있잖아요.”

그러면서 아들은 설교 주제까지 제시했습니다.

“아빠, 이번 주일은 사랑과 용서에 대해서 설교했으면 좋겠어요.”

그날 저는 아내와 함께 얼마나 울었는지 모릅니다. 목회자라는 사람이 어떻게 이런 생각을 못했던 걸까, 왜 그동안 그들을 경계하기만 했지 그들에게 복음을 전해 돌이킬 생각을 하지 못한 걸까, 그들을 품고 기도할 생각을 왜 하지 못한 걸까…. 그날 저는 너무나 부끄럽고 죄스러워서 하나님께 회개했습니다.

예수님은 이 땅에 오셔서 낮은 자와 죄인들을 먼저 만나 주셨습니다. 하나님은 고멜처럼 배신을 밥 먹듯이 하는 우리를 용서하기 위해 독생자 예수님을 십자가에 내어주셨습니다.

그런데 하나님은 우리에게 헤세드의 사랑을 베푸실 이유가 없는 분입니다. 예수님은 십자가의 고통과 고난을 당해야 할 이유가 없는 분입니다. 그럼에도 하나님은, 예수님은 고멜과 같은 우리에게 변함없이 충성된 사랑을 주십니다.

사람은 사람을 구원할 수 없습니다. 오직 변하지 않는 하나님의 사랑과 예수님의 십자가 은혜만이 우리를 영원하고 온전하게 할 수 있습니다. 그래서 우리는 하나님께로 다시 돌아가야 합니다. 말씀을 통해서, 예배를 통해서, 삶을 통해서 하나님과 친밀한 교제를 나눠야 합니다. 그리고 하나님을 사랑한다면 하나님의 말씀에 순종해야 합니다.

얼마 전 ‘만약 내가 코로나 바이러스에 걸리면 어쩌지’ 하는 생각을 하다가 잠을 이루지 못했습니다. 만일 그런 일이 생기면, 먼저 교회를 폐쇄해야 합니다. 그리고 예배에 참석한 성도들이 검사를 받아야 합니다. 뿐만 아니라 한동안 격리 생활을 해야 합니다. 지금은 한 사람으로 인한 영향이 이처럼 일파만파로 커질 수밖에 없습니다. 그래서 교회는 지금 초비상 사태입니다.

그런데 우리는 이 비상사태의 책임이 다른 누구가 아니라 우리 모두에게 있음을 알고 먼저 회개의 무릎을 꿇어야 합니다. 이 같은 불편을 불평할 처지가 아닙니다. 이런 때일수록 우리가 할 일은 하나님께로 돌아가는 것입니다. 그리고 세상을 향해 이렇게 외쳐야 합니다.

"우리 모두 하나님께로 돌아갑시다."